rarse, precisamente por eso, por ser básicas y ser las que pueden auparnos a tiempos mejores. Para conseguirlo necesitamos potenciar la dignidad de la profesión, porque los docentes también necesitamos reconocernos y ser reconocidos.

Se echa en falta una apuesta decidida por la educación con mayúsculas. A veces, uno sospecha que no interesa una educación de nivel. Ya está bien de que no nos hagamos preguntas, de que no profundicemos, de que no analicemos. Observamos con preocupación la tendencia de la administración educativa a ocuparse de asuntos superficiales, sin abordar con inversiones, apoyo y seriedad los requerimientos de fondo.

Un poco de luz, algunas seguridades, una guía, un impulso, un aliento son hoy más necesarios que nunca. Espero en este libro aportaros todas estas sensaciones y certezas sólidas, tan indispensables en tiempos líquidos.

Enseñar en lo posible desear lo imposible

Uno de los problemas más grandes de la educación
es el siguiente: ¿cómo se puede unir la sumisión
a la legalidad con la facultad de servir a la libertad?
¿Cómo puedo cultivar la libertad bajo el peso de la legalidad?

KANT

Convivimos cada día con miradas. Son miradas que aguardan, expectantes, a que hablemos de cosas interesantes, a la vez que esperan que nosotros mismos estemos interesados por ellas. Esta conexión entre nuestro interés por el conocimiento y el que puedan mostrar o desarrollar nuestros alumnos es más fuerte de lo que pueda parecer a primera vista. Por lo tanto, es necesario interesarse en diversos ámbitos; se precisa de nuestra propia inquietud en este sentido.

Sin embargo, blindar esta actitud de búsqueda de significado frente a la tiranía de la realidad diaria es una tarea difícil, porque tenemos que ejercer desde lo posible y desear, al mismo tiempo, lo que parece imposible; lo que otorga objetivos ambiciosos y perdurables a nuestra labor, lo que puede conseguir que nuestros alumnos, además de habitar el aula, compartan con nosotros la pasión por saber, por comprender y por ampliar esa mirada que, en principio, tan solo esperaban recibir.

Por lo tanto, el profesor está sumido en bastantes dicotomías, como iremos viendo a lo largo de todo este recorrido, pero esta es, sin duda, una de las importantes. Nuestra tarea se enmarca en un cuadro de realidades, urgencias, contenidos y burocracia que tenemos que entrelazar con aquello que parece inalcanzable: el objetivo de hacer del aula un ágora donde se investigue, se dialogue y se expanda en cada alumno y alumna la medida de sus posibles, esa perspectiva constante de mejora.

Sin embargo, teniendo en cuenta que debemos tender a ello, también habría que recordar constantemente que hay mucho mundo y mucha influencia más allá del aula. De lo contrario, estamos abocados a la desesperación. Hans-Georg Gadamer tiene algo de razón cuando afirma que "nos educamos a nosotros mismos, el educador sólo contribuye modestamente" (Gadamer, 2000).

Pero precisamente ahí es donde se encuentra una de las claves educativas. No podemos ignorar el hecho de que todo lo que aprendemos exige un proceso de captación y de incorporación que es íntimo, y que en cada alumno —en cada persona— circula por canales heterogéneos, sometidos a una influencia social que actúa de forma persistente, incomodando o retando a esa capacidad que tenemos todos de aprender por nosotros mismos. Los profesores tenemos que contemplar esto, de lo contrario, el aprendizaje degenera en una serie de mecanismos repetitivos que actúan como una especie de somnífero, adormeciendo el impulso interior y la creatividad.

Por ello, al incorporar contenidos de forma personal, cada alumno siente, percibe y vive esta experiencia de forma diversa. Así pues, ¿de qué deberíamos tratar los docentes? De no olvidar nunca esa perspectiva; de situarnos, humildemente, en un estado de conversación constante, intensa y empática con nuestros alumnos, con el simple fin de que acaben experimentando como propios y vividos aquellos temas que se tratan en el aula; aquellos que nosotros, como docentes, también abrazamos.

Olvidarse de lo posible o de lo imposible reduce nuestra labor al despropósito y, de hecho, desemboca inevitablemente en el olvido de las dos perspectivas. El perfil idóneo consiste, como en tantos otros temas, en encontrar un equilibrio dinámico. No podemos renunciar a cuidarnos de todo el papeleo y control, tampoco a preparar bien los contenidos, a ser previsores o a cumplir con todos los detalles. Es importante porque se trata de una especie de nivel cero, del sustrato básico que necesitan nuestros alumnos, al menos mientras el sistema educativo siga fundándose únicamente en el nombre, en detrimento del adjetivo.

Se necesita confianza para seguir y superar los cursos; y esta misma confianza de la que hablamos la transmitimos afianzando lo más concreto, el día a día. Asegurándonos de que nuestras clases —y nuestros métodos— proporcionen unas referencias seguras.

Sin embargo, esta visión más práctica, más a nuestro alcance, contiene, en cierto modo, la otra perspectiva. Esto se debe a que, paradójicamente, una buena comprensión de los programas queda limitada si no apostamos también por la dimensión más amplia, más holística y más generosa de la educación.

Entre lo correcto y lo óptimo hay un amplio margen; la distancia que existe entre la mera asimilación de contenidos y su extensión a las relaciones, o entre las emociones y las sensaciones constantes de comprender más y mejor. Es necesario, pues, impulsar lo que parece imposible para que, de esta manera, los currículums adquieran el carácter de trampolín, de lanzadera, hacia futuros conocimientos y competencias.

Muchos docentes están marcando un perfil crítico respecto a la cuestión del nivel académico; existe malestar y preocupación. Creo, francamente, que estamos a pocos pasos de la resignación y el seguidismo. Sumidos en el marasmo de la información incesante —no toda válida ni significativa—, concentrarse en una lectura, en una demostración o en la comprensión global y profunda de unos determinados contenidos es una tarea mal vista, enfrentada a resistencias de todo tipo.

Entre lo correcto y lo óptimo hay un amplio margen; la distancia que existe entre la mera asimilación de contenidos y su extensión a las relaciones, o entre las emociones y las sensaciones constantes de comprender más y mejor.

¿De verdad queremos que el talento se desarrolle y se manifieste? ¿De verdad no importa el nivel cultural y ético de las personas? Hay que posicionarse respecto a estas cuestiones fundamentales, ya que no comprometerse significa dotar de poca solidez, de ausencia de criterio y madurez a nuestros alumnos, cuya vida adulta va a integrarse en un mundo extremadamente complejo, necesitado de ética, de talento y de responsabilidad.

El nivel académico es importante, por supuesto que sí. Lo contrario sería engañar, por comodidad o por intereses tácitos —recordemos que al poder no le viene mal gobernar a ciudadanos acríticos— o, sencillamente, por esta especie de anomia cultural que se acabará instalando si no reaccionamos a tiempo.

Sin embargo, parece imposible esta reacción, porque la escuela no es un sistema aislado del resto de la realidad, un sistema que mitifica el éxito fácil, la apariencia y el "todo vale", sin otras consideraciones. En estos últimos años se ha instalado —o ha interesado instalar— una pseudocultura de la mediocridad. En la universidad, muchos profesores comprueban los déficits expresivos, orales y escritos, de muchos alumnos. Como consecuencia de ello, existe una gran inquietud y una amplia sensación de impotencia ante esta realidad.

De las escuelas y de la formación que se imparte en ellas se exigen dos premisas simultáneas y contradictorias que tienen que ver con lo práctico, lo útil y lo deseable, y con aquello que es mejor que sea modificado desde la opinión crítica. Es decir, se supone que la acción educativa se debe guiar por dos vectores que debieran ser compatibles; sin embargo, intentar su conciliación representa una de las dificultades de peso cuando entramos en el aula.

La sociedad nos pide que, como profesores, estemos atentos a lo que, *a priori*, está más orientado y programado, al mismo tiempo que a otro aspecto más complicado y sin un guion preciso, el cual consiste en entrenar la independencia de criterio y principios éticos universales. Como afirma Neil Postman:

> La ciudadanía cree en dos razones contradictorias para la escolarización. Una consiste en que las escuelas deben enseñar a aceptar el mundo tal como es, con todas sus reglas, exigencias, limitaciones, e incluso prejuicios culturales, mientras que

la otra consiste en que los alumnos deberían aprender a pensar críticamente, de tal forma que pudieran convertirse en hombres y mujeres de mentalidad independiente, distanciados de la sabiduría convencional de su tiempo y dotados de la fuerza y la capacidad necesarias para cambiar lo que deba ser cambiado. (Postman, 1999).

El predominio de la enseñanza de reglas, normas y competencias *standard* parece ser, por lo que vemos y vivimos, la opción preferida. La dimensión cívica y ética de los alumnos "no es práctica" y, por lo tanto, la acción educativa se orienta, preferentemente, al conocimiento científico y a la competencia tecnológica. Las consecuencias se hacen notar, aún más cuando se extiende también, como una mancha de aceite, la sensación de que la profundidad y el buen nivel académico —y todo lo que esto conlleva— son una cuestión antigua y caduca.

Se trata de un inmenso engaño que estamos aceptando entre todos; además, su dimensión es doble, ya que se basa en la comodidad —siempre nos exigimos menos con un nivel mediocre— y en, quisiera equivocarme, una posible mala fe. Al poder le conviene enormemente esta tendencia. Andreu Navarra lo resume en pocas palabras: "Los poderes económicos se han dado cuenta de que una ciudadanía sabia e informada puede ser un freno para su depredación a escala global" (Navarra, 2019).

La sociedad espera de las escuelas dos tipos de actuaciones: las que enseñan reglas, limitaciones y exigencias, y las que orientan al fortalecimiento de una mente formada, crítica e independiente.

* * * * *

LEYENDO A:

DAVID BUENO
L'art de ser humans[1]

Existe una diferencia cualitativa importante entre conseguir una mera asimilación de los contenidos y el valor añadido —y fundamental— del análisis, las relaciones, las discusiones y las argumentaciones. En todo caso, no se consigue plenamente lo primero sin lo segundo.

"¿Cómo se tiene que educar? ¿Se ha perdido la cultura del esfuerzo? ¿Es necesario incorporar elementos emocionales y, en caso afirmativo, cuáles tienen que ser y cómo se tienen que aplicar? O, contrariamente, ¿debemos mantener una forma de hacer más tradicional, que tenga en cuenta casi exclusivamente los conocimientos curriculares per se? ¿Tenemos que trabajar a través de las artes clásicas en detrimento de las matemáticas, la lengua, la ciencia y la tecnología, como proponen algunas personas? O, al contrario, ¿tenemos que dejar de perder el tiempo con las artes y centrarnos en lo que la sociedad y la economía se supone que demandan y consideran más valioso, como proponen otros? (...) Aprendemos memorizando, aprendemos haciendo, aprendemos aplicando, aprendemos experimentando, aprendemos pensando y aprendemos creando. Es cuestión de equilibrio.

Educar también es un arte. ¿Podemos educar en la creatividad y el pensamiento abstracto, en la reflexividad y la crítica, si no es desde una educación intrínsecamente creativa y que promueva la crítica y la discusión basadas en evidencias y en argumentaciones bien trabadas, y, por tanto, en informaciones y conocimientos aprendidos? Pienso que no. O, en todo caso, perdería toda su potencia generadora. No podríamos pasar de la información y el conocimiento a la sabiduría".

---

[1] Traducción del propio autor.

El rigor
y la verdad

*La verdad adquiere fuerza con la notoriedad
y con el tiempo; la falsedad con la precipitación
y la incertidumbre.*

TÁCITO

Parece ser, dado el desconcierto existente, que el rigor constituye otro concepto desacreditado. Este desprestigio se está instalando de manera soterrada en el ámbito educativo. El rigor conlleva dedicación y responsabilidad, y es crucial para que se manifieste el conocimiento significativo del alumno. Si tenemos que transmitir verdades, el rigor es absolutamente necesario.

Kant ya se ocupó de este asunto, al igual que otros pensadores tras él. Si andamos tras la verdad —o verdades— no nos vale cualquier método o cualquier pretexto. Existen unas premisas de honestidad, unas ideas básicas, una guía; por lo tanto, necesitamos ser rigurosos. Necesitamos buenos esquemas, buenas definiciones y una buena narrativa para que conceptos, métodos y competencias formen un conjunto sólido.

Sin una base rigurosa no se puede afrontar la tarea educativa. Por ello, el rigor y la exigencia van de la mano y son inseparables. Nuestro compromiso nos lleva a autoexigirnos, a tener presente el comportamiento en virtud del cual —Kant *dixit*— nos hacemos mejores. En educación el rigor didáctico es esencial y se pone de manifiesto de muchas formas diversas:

- Estructurando de forma coherente el temario y sus objetivos.
- Seleccionando muy bien el material de apoyo: textos, esquemas, ejercicios, actividades, etc.
- Planteando pruebas y proyectos bien estructurados y redactados, de un nivel correspondiente al impartido en el aula.
- Transmitiendo el conocimiento de forma ágil y empática.
- Definiendo criterios de evaluación justos, equilibrados y lógicos.
- Valorando en los alumnos la constancia, el esfuerzo y la superación como cualidades esenciales.
- Atendiendo a las características y necesidades específicas de cada alumno.
- Actuando conforme a las características del grupo y al entorno social de la escuela.
- Cuidando de nuestra autoestima y resiliencia como profesores.
- Recordando siempre que enseñar-educar es una tarea compleja y holística, la cual requiere una base ética.

Si queremos ser rigurosos, sabemos que solamente comunicamos conocimiento si este se encuentra con una actitud receptiva del alumno. Esta recepción no puede entenderse como un simple "esperar", sino que tiene que ir acompañada de actividad y de espontaneidad.

Los objetos de estudio, en general, pueden venir dados por lo real, como es el caso de una experiencia de laboratorio o el dominio de una técnica artística; o por lo ideal, como el objeto de las matemáticas o un principio filosófico. En las matemáticas, los conjuntos numéricos, las figuras geométricas y el sinfín de relaciones que se derivan son objetos ideales que existen en sí mismos como entidades trascendentes, más allá de la experiencia (Hessen, 1973).

Por lo tanto, la cuestión es cómo conseguir que el alumno se muestre activo para recibir conocimiento y cómo despertar en él, de forma continuada, el deseo consciente de adquirirlo.

 La asimilación significativa de conocimientos requiere una actitud espontáneamente activa.

En primer lugar, el conocimiento que ofrecemos, independientemente de la materia o tema del que se trate, tiene que ser riguroso. En el área científica, salvo errores, los datos de la experiencia y las leyes representadas en ecuaciones matemáticas nos vienen dados. En esta área es importante ser precisos en la notación, en los símbolos y en el vocabulario, entre otras cuestiones. Los problemas y ejercicios se plantean en términos científicos, y la ciencia se expresa en un lenguaje simbólico que es preciso dominar.

La comprensión profunda en el área científica tiene lugar cuando una ecuación química, un teorema de geometría o una aplicación de las integrales se asimila de forma razonada, identificando plenamente cada detalle y conociendo, más allá de la descripción, el tipo de relación y su significado profundo. Hay expresiones matemáticas de la Física, como $F = m.a$, o la tan reproducida $E = m.c^2$, que son sencillas de guardar en nuestra memoria.

Hasta aquí una mera reproducción, pero ¿qué significan? ¿Qué tipo de relación existe entre las variables? ¿Con qué unidades se miden? ¿Con qué situaciones o experiencias podemos relacionarlas? Comprender algo conlleva preguntar y preguntarse; atender a todo y ser riguroso.

Los profesores asumimos que aquello que enseñamos se atiene a la *verdad*, pero deberíamos tener en cuenta también el tipo de criterio o test que tiene que superar el conocimiento verdadero. En el área humanístico-social estos criterios son más difusos, al contrario de lo que sucede en lo científico, un ámbito más preciso, basado en soluciones bien definidas. En las ciencias sociales el criterio de verdad se convierte en algo delicado.

Dicha verdad no es solamente lo que aparece ante nosotros, porque hay aspectos que no se muestran y son relevantes; aspectos que no se explican porque quizás no interesa explicarlos. La realidad social, nuestro legado histórico y nuestras preguntas de más calado —las filosóficas, en general, y las éticas, en particular— requieren de una verdad que no es tan evidente y que tenemos que matizar, descubrir y analizar.

El criterio de *verdad* es exigente, pero, a la vez, propenso al análisis y al contraste de ideas. Por esta razón, las materias sociales y humanísticas deberían recuperar la presencia y la importancia que muchos educadores echan en falta. Es un grave error considerar como verdad preferente la verdad científica.

Para nuestros alumnos, futuros ciudadanos del mañana, unos amplios fundamentos de estas materias son esenciales para su trayectoria vital, ya que son, más allá de lo relacionado con sus contenidos, las que les van a proporcionar un sentido de libertad y responsabilidad. Hoy en día adquieren un significado especialmente valioso.

En cambio, hace varias décadas, las visiones de lo que la humanidad tenía que temer del futuro oscilaba entre la que mostraba Aldous Huxley en *Un mundo feliz* y la que ofrecía George Orwell en *1984*. Sin embargo, estas dos visiones están, en cierta forma, relacionadas, describiendo ambas una ciudadanía entre triste y temerosa o despreocupada y anómica.

Como apuntaba Zygmunt Bauman: "Lo que compartían estas visiones era el presagio de un mundo estrechamente controlado, en el que la libertad individual no sólo estaba hecha añicos, sino que ofendía gravemente a la gente entrenada para obedecer órdenes y seguir rutinas prefijadas" (Bauman, 2017).

Es un grave error menoscabar la presencia de las materias humanísticas en los planes de estudio. No se tratan de un capricho o de la necesidad de adquirir una "mínima cultura". Significan mucho más. Como afirma Miguel Herrero de Jáuregui, nos preparan muy adecuadamente para el futuro, y no constituyen —o no debieran constituir— una especie de lujo aristocrático:

> El acceso universal a la literatura, al arte, a la música, a la formación clásica o al conocimiento de la historia, es un instrumento profundamente igualador que forma no sólo clases dirigentes, sino ciudadanos que comparten ese código cultural... las humanidades son más necesarias que nunca. Abandonarlas para uso y disfrute de los genios, los ricos o los excéntricos es un error que traiciona a los jóvenes, privándoles de un legado que las generaciones anteriores se preocu-

paron de cultivar y transmitir hasta nosotros. Las consecuencias serán fatales en diversos planos: político, estético, moral, social y, sí, también económico. (Herrero de Jauregui, citado en Nasarre, 2022)[1].

La necesidad de una formación humanista y de la capacidad de discernir éticamente nuestros actos y decisiones es hoy, en nuestros días y en nuestro futuro inmediato, una necesidad inaplazable que ya no puede esperar.

En nombre de unas supuestas libertades —entre otras, la libertad de manipular la verdad y la libertad de acumular riqueza y poder—, en las redes se juega con las vidas apenas experimentadas de niños y adolescentes. No se ponen límites, porque el morbo que se genera con consignas racistas, con abusos sexuales, con el consumo de drogas o con cualquier otra brutalidad vende, y vende mucho.

El estudio de las humanidades nos proporciona la base cultural y ética necesaria para afrontar crítica y libremente la banalidad envasada digitalmente, y el lema vacío y sin sentido. Saber quiénes somos, conocer el legado histórico y entender las relaciones humanas y la convivencia de una manera igualitaria, sana y abierta, son retos fundamentales de la educación en una sociedad democrática.

 Precisamos de las humanidades y de certezas éticas para afrontar crítica y libremente la realidad.

---

[1] En la misma línea argumentativa, resulta inspiradora la aportación de la filósofa estadounidense Martha C. Nussbaum en su libro *Sin fines de lucro. Por qué la democracia necesita de las humanidades*.

La construcción de una conciencia y una identidad propias es posible si la educación se fortalece en su propósito y en sus fines. La libertad, el espíritu crítico y una ética universal compartida son posibles si los contenidos humanísticos vuelven a recuperar su importante papel en el diseño de los planes educativos. Escuchar y comprender al otro, y tener presentes la bondad y el respeto como bases de la dimensión social del ser humano son valores que contienen verdades no científicas, y que trascienden el carácter instrumental de las tecnologías.

Los defensores de la deriva instrumental de la educación defienden que materias como la Historia o la Filosofía no son útiles. La realidad nos dice tozudamente lo contrario. La acción vital de los alumnos en cada uno de sus futuros depende de una sólida base como ciudadanos. Lo conversaba con ellos cuando oía algún comentario que entronizaba la ciencia y otorgaba poca importancia al ámbito humanístico: "Tened presente que ignorar las cuestiones humanas básicas conlleva malas consecuencias, porque son cuestiones que inciden totalmente en nuestras vidas". Ante todo, hay que pensar con criterio, hay que ser conscientes de que somos personas libres, de que debemos equiparnos con principios éticos y colaborar, en lo posible, en un futuro mejor para todos.

La verdad es incómoda, pero su búsqueda gratifica y nos enriquece. En el ámbito educativo somos responsables de que estimen y valoren esta búsqueda. El criterio de verdad, su posibilidad, su carácter no monolítico —a no ser que se opte por la vía dogmática—, se resiste, porque para acercarse a un criterio razonable y ético, además de para apreciar lo verdadero, hay que estudiar, leer, pensar, hablarse a uno mismo y contemplar la realidad.

No es sencillo, pero alcanzar un compromiso con la búsqueda de certezas indispensables es necesario. Forma parte de la actividad permanente de nuestra mente consciente. No resulta nada fácil, porque nace del impulso humano por saber, y ese impulso es ilimitado y siempre incompleto.

Llegar a conocer lo verdadero requiere distinguir claramente —siendo esta una cuestión sumamente pedagógica— entre opiniones y verdades. Hay que separar un punto de vista o una afirmación interesada de la verdad. En las aulas, hay que educar en el sentido de amar la verdad, de contrastarla, de conocer y conocernos, y de comprender y comprendernos.

 Para aproximarse a la verdad es necesario distinguir, y para poder hacerlo con criterio se requiere estudio, lectura y pensamiento.

Carácter
y conciencia

*El esplendor de los sistemas ha coincidido
con la pobreza de convicciones.*

María Zambrano

Una de las inquietudes del profesorado es no saber a qué atenerse. Hoy conviene esto, mañana aquello, olvidando que hay temas y actitudes que siempre son necesarios. Hay que vencer esa barrera de inseguridad. Para conseguir un ambiente idóneo de búsqueda, de nuevas posibilidades, en un grupo o en una escuela, el estilo, la línea o el dibujo latente y permanente de nuestra tarea son cuestiones fundamentales. Ir de aquí para allá erráticamente conduce inevitablemente al desánimo y a la pereza.

El carácter es, por tanto, muy importante. Nuestros alumnos y alumnas se están abriendo a la vida y necesitan, más allá del programa, captar una vía de superación constante; precisan de un profesorado que proporcione una base, un carácter y una fuerza esperanzadora. No es nada concreto, es algo que se percibe, pero que es difícil de definir, que se transmite y, además, permite renovar día a día el sentido de posibilidad que va calando en el aula.

Estos rasgos distintivos se nutren de pequeños detalles. Las buenas vibraciones y la energía se manifiestan en el saludo, en mensajes claros que proporcionan visibilidad, en la inducción de sensaciones de pertenencia al alumno, en el respeto y la confianza compartidos: estoy aquí, existo, soy yo. Estamos transmitiendo que Ana, José, Laura o Iván son importantes en sí mismos, como el resto de compañeros y compañeras. Esta energía contagiosa y compartida constituye el primer veto y el primer freno al acoso escolar. Es una barrera definitiva porque induce tanto confianza como seguridad, al identificarse con la idea de que todos nosotros contamos por igual.

En este sentido, hay que andar con tiento. La opinión particular que nos formamos sobre cada estudiante es inevitable, pero ante el grupo tenemos que manifestar la línea roja del respeto a la diversidad y a un desarrollo individual autónomo y pleno.

En su diccionario filosófico, José Ferrater Mora define el término *carácter* como "marca o nota que señala un ser y que por ello lo caracteriza frente a todos los otros". Conseguir esto en educación constituye un fin en sí mismo, una meta crucial. Acompañando a programas e instrucciones, en las aulas y escuelas formamos de manera implícita una marca o nota que pueda hacer único a cada alumno. Hablábamos de intentar lo imposible.

Esta meta, conseguir que el alumno sea plenamente él, incorporando actitudes asertivas o valorando el diálogo, la opinión y la reflexión, constituye el fundamento para conformar la posibilidad de generar un criterio propio y la capacidad de construirlo y expresarlo.

Es necesario salvaguardar lo característico, y las razones son múltiples. En primer lugar, el progreso humano ha sido posible gracias al talento y a las aportaciones positivas y originales, que, en su día, fueron infravaloradas en un primer momento. Los ejemplos son innumerables y están en la mente de todos. Los educadores tenemos que cuidarnos de que la diversidad aflore, de que el talento, las ideas y el conocimiento surjan sin obstáculos.

En nuestra era líquida, donde todo parece dado y se nos antoja inevitable, el conformismo y la superficialidad se están instalando de forma preocupante. Es necesario, más que nunca, imprimir personalidad, encontrarnos a nosotros mismos, encontrar en nuestros alumnos cada posible, cada aportación, cada avance.

En el ejercicio de la tarea docente, la *conciencia* es vital. Actuar en conciencia y desde un fondo ético es imprescindible. Este fondo confiere sentido y trascendencia a nuestra interacción diaria con nuestros alumnos y alumnas. Es curioso, porque no se trata de un asunto tangible y, sin embargo, constituye el asidero para que los estudiantes se sientan seguros, acogidos y esperanzados.

En este sentido, cabe resaltar que constituimos un modelo a seguir. Una de las principales herramientas educativas es la calidad del ejemplo y, por tanto, no podemos pedir una actitud de mejora constante en nuestros alumnos si nosotros, en el camino común con ellos, no manifestamos, sin necesidad de nombrarlo, ese espíritu indomable de asertividad, de superación, de constancia y de generosidad. Desde la conciencia y siendo conscientes de ello cada día.

 El ejemplo es una herramienta pedagógica fundamental: aprendemos por contagio aquello que observamos y percibimos.

El hecho de que un profesor actúe con plena conciencia, lejos de parecer un asunto etéreo e inconcreto, se manifiesta de forma muy explícita. El grupo-clase capta el sentido de lo que se muestra, de lo que se trata, de lo que se razona, porque el motor de la conciencia, deliberada e invisiblemente, lleva a la comprensión y a la emoción del descubrimiento. Se nota, se percibe, y las vibraciones positivas y entusiastas se transmiten.

La conciencia de que la atención y la comprensión son prioritarias, algo tan intangible pero tan evidente, nos conducen a un aprendizaje que cala y que permanece, un aprendizaje que despierta la inquietud hacia nuevas perspectivas y nuevos retos.

Todo adquiere significado y trascendencia a través de la conciencia. Según Ferrater Mora, el término *conciencia* tiene, por lo menos, dos sentidos. Según el primero de ellos, significa "percatarse o reconocer algo", ya sea algo exterior, como un objeto, una cualidad, una situación, etc., o algo interior, como las modificaciones que experimentamos en nuestro propio *yo*. De acuerdo con el segundo sentido, se trataría de una "conciencia moral", que procura distinguir el bien del mal, y que conocemos popularmente como "la voz de la conciencia". Aunque Ferrater se extiende mucho más en su Diccionario, basta con fijarnos en estos dos sentidos básicos, porque son cruciales para afrontar nuestra tarea docente.

Tenemos que reconocer a cada alumno, a cada alumna. Su situación, sus circunstancias o sus capacidades, entre otros muchos condicionantes, todo lo que facilite un aprendizaje efectivo y significativo. Tenemos que observar.

En este primer nivel de la conciencia, identificar la situación de cada uno de nuestros alumnos quiere decir que, desde esta situación, entramos a abordar la confianza y la motivación. Cualquier conversación, cualquier detalle, puede ser vital.

En base a esta dinámica se genera también la imagen colectiva de acogida: acogemos, estamos ahí, con nuestra tarea, nuestra acción y nuestro apoyo unidos de forma consistente. Los niños y adolescentes detectan rápidamente cualquier incoherencia y, en ese caso, nuestras clases pueden derivar hacia la desconfianza y la crítica corrosiva. La familia y la escuela, pese a todo, incluso en contra de todo, tendrían que ser el último reducto donde imperan la ética y la bondad.

En las escuelas construimos mundo y edificamos el progreso humano e intelectual del alumno. Para ello, es necesario que las horas de clase sean espacios y ambientes acogedores y logrados, basados en lo que Hartmut Rosa denomina el *triángulo de la resonancia*:

- Materiales bien organizados y orientados, que faciliten posibilidades y desafíos a profesores y alumnos.
- Alumnos cautivados por los temas, absorbidos en la tarea y abiertos a la vez.
- Docentes que transmiten los contenidos con sensibilidad y entusiasmo.

Sin duda, estas serían las cualidades de experiencias formativas idóneas, en las que los alumnos "manifiestan un interés intrínseco por determinado material y tienen experiencias de autoeficacia al enfrentarse a él". En definitiva, se trata de lo que todos los docentes intuyen y saben: cuando se generan intereses comunes y se comunica pasión por el conocimiento, se producen relaciones de *resonancia*[2] en el aula; en otras

---

[2] Según Rosa, "la resonancia es una forma de relación constituida por afección y e‹moción, interés intrínseco y expectativa de autoeficacia, en la cual el sujeto y el mundo se conmueven y, a la vez, se transforman mutuamente".

palabras, el docente "confía en que tiene algo que decir a sus alumnos y estos quieren escucharlo" (Rosa, 2020).

 Cuando se generan intereses comunes y se comunica pasión por el conocimiento, se producen relaciones de *resonancia* en el aula: el profesor tiene algo que decir y es escuchado.

Este nivel de análisis, que puede parecer, en un principio, ajeno a la realidad, es justamente lo que resulta más necesario. No hay nada más pragmático y eficaz que tenerlo en cuenta para que nuestra tarea sea fructífera. Es cierto que lograr esta *resonancia* con alumnas y alumnos implica muchos matices diferentes: observación, sensibilidad, profundidad, reflexión, dedicación o empatía, entre otros aspectos. Sin embargo, no podemos olvidar que debemos cuidar de ellos y tenerlos presentes cada vez que iniciamos una clase y en el tiempo que esta dura, extrayendo, posteriormente, conclusiones sobre estrategias óptimas para alcanzar, en la medida de lo posible, un ambiente idóneo para el aprendizaje.

Las profesoras y profesores van construyendo su propia conciencia y van forjando un cierto carácter con los datos y las experiencias que proporciona cada hora de clase, con cada uno de los grupos y estudiantes. La dimensión racional y emocional libran su particular batalla en esta autoconstrucción de nuestro *yo* docente. Tenemos que reconocernos en esta doble dimensión y ser conscientes de que "domar" el inconsciente es aconsejable, pero no podemos imaginar que el componente instintivo no está ahí, porque tenemos que tratar de identificarlo. Dicho de otra forma, si profundizamos un poco, descubriremos que tras muchas decisiones y comportamientos se entrelazan nuestras dimensiones emocional y racional.

Ante cualquier conflicto al que tengamos que dar respuesta, o ante decisiones nuestras en las que no nos reconocemos, es preciso tener en cuenta este equilibrio dinámico entre nuestros primeros impulsos y nuestra razón. No somos tan lógicos como parece, ni tampoco es cierto que no tengamos capacidad para gestionar este balance de fuerzas. El neurocientífico David Eagleman explica muy bien esta doble influencia de la mente en nuestro comportamiento:

> Es necesario cierto equilibrio entre el sistema emocional y racional, y ese equilibrio podría estar ya optimizado en los cerebros humanos mediante la selección natural. Por decirlo de otro modo, quizá lo más deseable sea una democracia con dos facciones igual de fuertes, pues si alguna de las dos tomara el poder, casi seguro que el resultado sería menos óptimo (…) La red emocional y la racional combaten no sólo por las decisiones morales inmediatas, sino también en otra situación que nos es familiar: cómo nos comportamos en el tiempo. (Eagleman, 2013).

Tener esto muy presente resulta decisivo para ir perfeccionando nuestra tarea docente. En educación es inevitable el conflicto, y actuar desde la conciencia de que somos impulso y razón, emoción y lógica, pasión y cálculo, nos ayuda a gestionarlo de forma óptima. Actuar desde el prejuicio o ignorar las raíces profundas de la situación nos puede llevar a decisiones parcial o totalmente equivocadas. Hay que conversar, indagar, comprender.

En muchos casos, la tiranía de la escasez de tiempo del que dispone el profesor para hacerlo limita la capacidad para adoptar la solución que sería más adecuada. Si actuamos sin valorar con detalle las emociones y las razones de cada alumno, estamos abonando el terreno para que se pueda dar, de nuevo, el problema. Se trata, pues, de analizar nuestra labor de forma sensible, contemplando la raíz emocional y desde la plenitud de nuestra conciencia.

* * * * *

LEYENDO A: HANNAH ARENDT
La vida del espíritu

Hannah Arendt, al hablarnos del dos-en-uno se refiere a Sócrates, quien descubrió que podemos relacionarnos con nosotros mismos igual que con los demás, y que ambos tipos de relación están ligados en cierta forma. Conseguir la armonía en este sentido conforma nuestra conciencia.

"Una vida sin pensamiento es posible, pero no logra desarrollar su esencia; no sólo carece de sentido, sino que además no es plenamente viva. Los hombres que no piensan son como los sonámbulos. Para el yo pensante y su experiencia, la conciencia que 'por doquier obstruye al hombre con obstáculos' es un efecto accesorio. No importa cuáles sean las cadenas de razonamientos del yo pensante, el yo que somos todos debe cuidarse de no hacer nada que impida la amistad y la armonía del dos-en-uno. Esto es lo que Spinoza quería decir con 'satisfacción de sí mismo': que 'puede nacer de la razón y solamente esta satisfacción, que nace de la razón, es la más alta que puede darse'. Su criterio a la hora de actuar no serán las reglas habituales, reconocidas por las multitudes y acordadas por la sociedad, sino el saber si soy capaz de vivir en paz conmigo mismo cuando llegue el momento de reflexionar sobre mis hechos y mis palabras. La conciencia es la anticipación del compañero que te espera cuando regresas a casa".

Conexiones

4

El conocimiento es un producto de la mente exportable
a otra mente. ¿Qué hay alguien por aquí?

JORGE WAGENSBERG

Desde el fondo de nuestro patrón carácter-conciencia, se espera de nosotros, como docentes, que dispongamos de unas bases seguras, de una orientación, de previsión y de organización. Pero también debemos prestar mucha atención a las conexiones, porque su observación y su cuidado conforman un patrón de fondo que nos permite otorgar vida al aprendizaje. La calidad y la sensibilidad de las conversaciones que "circulan" en el aula son determinantes para que la sed de conocimiento impregne nuestro trabajo diario. Lo que dota de humanidad a nuestra labor, y el factor que le confiere una cierta trascendencia, es la precisión, la riqueza y la sensibilidad de las conexiones.

Todos sabemos que no nos expresamos exclusivamente mediante el lenguaje. Sin embargo, el lenguaje, ese código cuyo uso común nos une, constituye el fundamento de nuestras conexiones. El cuidado que debemos prestar a la corrección expresiva, a la precisión, o a la riqueza y posibilidades del lenguaje es uno de los aspectos que permiten que el alumno progrese y se interese por la cultura, por el mundo, por saber y por vivir. En palabras de Emilio Lledó:

> El hecho de que sea el lenguaje el alimento básico de la educación significa que la estructura interior de eso que ha de llamarse personalidad es en el fondo el resultado de un diálogo, el resto de una memoria, interpretada por las palabras con las que hemos engarzado los sucesos de nuestra vida. No hay, pues, educación si no se configura como lenguaje y no se realiza como diálogo. (Lledó, 2017).

La importancia de las palabras y de su significado, de la calidad y elegancia de las frases, reside en que nos llama a la puerta de la comprensión. Esto afecta no solo a las áreas humanísticas, sino también a todo el cuerpo de conocimiento/competencia de cualquier plan de estudios. En las pruebas de Matemáticas de Educación Secundaria Obligatoria y de Bachillerato, podía comprobar con frecuencia el papel central de la comprensión lectora. El alumno tiene que ser comunicativamente competente; de lo contrario, aparecen dificultades que, en el caso de las matemáticas y del área científica en general, se observan a menudo: carencia de vocabulario y de comprensión global, lectura superficial, etc.

Intuyo que en Educación Primaria deberíamos dedicar un mayor esfuerzo en impulsar y contagiar el gusto por la lectura. Leer más e interpretar emocionalmente esta lectura, haciendo énfasis en una exclamación, en una pregunta, en una descripción o en una situación. Sería conveniente "pararse" en la lectura, teatralizarla, transportarla en la mente del niño desde el código lingüístico hasta la vida, los sentimientos y las emociones. Solo así la mente infantil adquiere la visión interpretativa e interioriza la importancia real de un texto, que no está en lo que se lee o se dice, sino, como todos sabemos, en la imaginación que despierta y en las emociones que nos sugiere.

Es este paso, este salto, el que se debe cuidar en los años previos a educación secundaria. Lo que conseguimos es situar al alumno, gradualmente, en disposición de abordar textos de mayor densidad, al ya conocer el puente que une el código y la vida, la lectura y el mensaje. El punto culminante de las primeras etapas tendría que consistir, expresado directamente, en un "me gusta leer, disfruto, imagino...". A través de este estadio, ya podemos establecer en cursos sucesivos unas estrategias con posibilidades de éxito que permitan progresar en la comprensión, en un gozar, de forma cada vez más consciente, de un buen libro.

Este asunto, el de la falta de competencia lectora y analítica, afecta a cualquier tema, contenido o materia. Puestos a valorar las competencias, a una de ellas podríamos catalogarla de competencia intelectual. No se habla de ella, pero se trata de una competencia amplia y holística de un gran alcance. En mi opinión, contrastada también con docentes en activo, estamos llegando a déficits alarmantes en este sentido. Podemos conformarnos y convivir con ello o bien reconducir con exigencia la situación.

No nos podemos seguir engañando con esta cuestión, porque se trata de un verdadero reto profesional para cualquier docente implicado plenamente en su cometido. Existen muchos responsables de esta situación. Si cedemos, si nos instalamos en el "es lo que hay", estaremos formando alumnos incapaces para integrarse en una sociedad extremadamente complicada, candidatos a ser marginados o a ser fácilmente manipulados, con el coste individual y social que esto implica.

 Es preciso potenciar la competencia intelectual: la capacidad de leer significativamente, de analizar, de relacionar.

Existe una tendencia, desde la anomia líquida en la que vivimos, a ver el cuidado exquisito de nuestra expresión oral y escrita como algo fuera de lugar, como una exageración. La pobreza comunicativa, digamos "ambiental", (medios de comunicación, redes sociales, etc.) es patente. La escuela puede renunciar a la excelencia o rebelarse en sentido positivo, marcando como meta prioritaria que el alumno adquiera unas habilidades expresivas de nivel.

De estas carencias respecto a la exigencia de la precisión y la riqueza de la lengua son víctimas indirectas los profesores universitarios, que la ven reflejada en los proyectos y las pruebas que plantean a sus alumnos. Este déficit hay que revertirlo, porque la complejidad creciente de nuestra sociedad y de sus conflictos requerirán de personas preparadas, conscientes y éticas. En todo caso, la mediocridad cultural no nos va a aportar nada, y el mal uso del lenguaje y la falta de competencia lingüística son algunas de las claves de esta mediocridad.

No solo el lenguaje forma parte de las conexiones que debemos tener en cuenta cuando entramos en el aula. Nuestra forma de presentarnos, nuestra capacidad de captar las aspiraciones, las aptitudes y actitudes, o las fortalezas y debilidades de nuestros alumnos van a influir decisivamente en que el camino a transitar con ellos sea fructífero. Interpretar bien, reconocer lo mejor posible todos estos factores en cada alumno, requiere disposición e intención, además de la necesidad de activar nuestro radar emocional. De esto hablaremos más adelante.

En cualquier caso, tenemos que tejer una red de conexiones, de conversaciones y de complicidades que hagan posible abordar el aprendizaje de una verdadera competencia intelectual. Nuestros gestos y nuestras miradas también son conexiones.

En este sentido, nuestra capacidad expresiva acompaña de manera eficaz el aprendizaje, y representa una valiosa muleta para que el conocimiento y la competencia sean posibles.

Ana hace una pregunta. Podemos responder de forma escueta o podemos otorgar un plus de valor: "Ajá, una cuestión interesante, vamos a tratar dos minutos esto". Y, claro está, acompañado siempre de una sonrisa y una mirada cómplice que indica, sin palabras, que estamos aprendiendo juntos, que las preguntas son importantes, que su curiosidad me interesa, y que, mediante la conversación y la conexión, avanzamos unidos.

No existe fórmula mágica, no hay recetas; la calidez y el sentido pedagógico de las conexiones tiene que surgir de forma natural de nuestra conciencia como profesores.

De hecho, el conjunto formado por las palabras y su plasmación como discurso, con el contenido anímico-gestual que también lleva implícito, conforman un ritual. Los rituales, hoy tan cuestionados, son algo fundamental para que las sensaciones permanezcan. En el nombre de una supuesta autenticidad o espontaneidad, las formas mágicas de un ritual vivo y permanente están sufriendo un cierto declive en las tareas formativas, con la consecuente merma de la profundidad y del sentido del aprendizaje. Y es que, como afirma Byung-Chul Han:

> El culto narcisista a la autenticidad nos vuelve ciegos para la fuerza simbólica de las formas, que ejerce una influencia no desdeñable sobre los sentimientos y los pensamientos. Sería concebible un giro a lo ritual, en el que las formas volvieran a ser prioritarias. (Han, 2022).

Las palabras que utilizamos en nuestras conversaciones docente-discente, como todas las palabras y frases que nos permite el diálogo, pueden albergar temor, miedo o frialdad, o transmitir carácter, calidez e impulso. Los profesores sabemos que las conexiones y todo el entorno gestual y anímico que las acompañan determinan los frutos de nuestra tarea.

Las palabras son como dardos, como afirmaba Vaclav Havel, y pueden hacernos daño, dejarnos indiferentes o dar en la diana de nuestra sensibilidad, inspirando y posibilitando. Cuando educamos, esos dardos deben apuntar a la diana sensible porque, en palabras de Luis Rojas Marcos (2019): "los niños avanzan más en su desarrollo psicológico cuando están rodeados de personas expresivas y afectuosas que dedican tiempo a conversar con ellos, leerles en voz alta, narrar historias y compartir experiencias de su propia vida".

 Las conversaciones con alumnos y alumnas, y todo el entorno gestual y anímico que las acompaña, determinan los frutos de nuestra tarea docente.

Desde nuestra primera infancia aprendemos fundamentalmente de las personas y con ellas. Las sensaciones e impresiones transmitidas perduran, sin que apenas lo percibamos, en nuestro interior. Perduran y nos alimentan. Los temarios, la organización, la evaluación y tantos otros temas de la profesión docente deben mirarse desde una reflexión diaria sobre las conexiones que se establecen en el aula, porque estas conexiones —la fase de conversación del conocimiento— tienen que tomar el papel protagonista.

Para expresarlo de forma directa: uno de los factores clave del aprendizaje significativo consiste en optimizar la intensidad del intercambio de conocimiento mediante la interacción constante con los alumnos y alumnas. Todas las dinámicas de pregunta/respuesta, inducción/deducción, teoría/aplicación, hipótesis/investigación, etc., tienen —o, más bien, tendrían— que vivirse de forma natural y habitual.

La palabra

*Nuestro fracaso escolar es,
básicamente,
un fracaso lingüístico.*

GREGORIO LURI

Acabamos de tratar las conexiones y ya hemos habla-do del papel central del lenguaje. Ahora, vale la pena profundizar en ello. En su libro *Las palabras y las cosas*, Michel Foucault afirmaba que el saber de la modernidad se dispersa con un espacio abierto en tres dimensiones: las ciencias matemáticas y físicas; las ciencias del lenguaje, la vida y la economía; y la filosofía como tercera dimensión.

En este triedro de los saberes, el lenguaje relaciona elementos discontinuos. De hecho, la naturaleza demostrativa de las ciencias tiene que sumergirse de lleno en el sistema de la comunicación verbal, y el lenguaje, a su vez, debe ser conocimiento. Siguiendo con esta argumentación, el papel central del lenguaje es clave: "*hablar, aclarar y saber* son, en el sentido estricto del término, un mismo orden" (Foucault, 1997).

La comprensión realmente significativa guarda una relación directa con el dominio del lenguaje. Y a este aspecto tan esencial hay que otorgarle una importancia educativa fundamental. Muchos de los problemas a los que se enfrentan nuestros alumnos nacen de un déficit expresivo alarmante. No vamos bien. Lo saben los profesores universitarios y los correctores de las pruebas de acceso a la Universidad.

Nos enfrentamos ahora, por si no fuera poco, a una inteligencia artificial que podría mermar o "adormecer" nuestras capacidades expresivas. ¿No vamos a cuestionar nada? ¿Vamos a dejar exclusivamente en manos de la tecnología nuestra capacidad de mostrarnos, de pensarnos y de pensar desde nuestra propia libertad, desde nuestro propio *yo*?

En este aspecto, los docentes —y la sociedad en general— sentimos una mezcla de dos percepciones incómodas y evidentes. Por una parte, todos somos culpables de la situación (familias, educadores, administraciones, etc.), porque hemos permitido y aceptado muchos sinsentidos y nos hemos acomodado en lo rápido, lo fugaz y lo superficial. En segundo lugar, lejos de todo análisis, nos hemos instalado en el principio de que toda experiencia educativa es válida por ser sencillamente nueva, y es rechazable si se trata de un valor universal o no se adapta a las últimas instrucciones o tendencias.

La primera manifestación palpable de esta distancia entre el *cómo funciona* la escuela y el *cómo debería funcionar* se pone de manifiesto con la desvalorización del lenguaje, la insuperable herramienta que nos sirve para transmitir conocimiento y hacerlo con sentido y profundidad.

Las palabras lo son todo, porque son los materiales que, desde hace miles de años, han construido el saber, la cultura y el progreso. Al infravalorar o banalizar el lenguaje pagamos un alto precio, porque nos priva de la comprensión, del matiz y de la argumentación. Las palabras, con su exactitud y su elasticidad, acompañadas del sonido y el gesto, con ese poder innato de descripción de la realidad, son guía, posibilidad y emoción. Las consecuencias de olvidarnos de este rol fundamental o de trivializarlo están siendo nefastas.

Como afirma Gregorio Luri, todo profesor debería ser un profesor de Lengua. El lenguaje impregna y construye el conocimiento, además de cimentar la base que capacita al alumno, independientemente de la materia que impartamos (Luri, 2019).

 La calidad del lenguaje con la que nos expresamos como maestros y profesores conduce a la comprensión, al matiz, al argumento.

El lenguaje es el sustrato que permite al alumno comprender, y es de tal densidad que requiere una atención preferente. Los déficits expresivos que estamos percibiendo son consecuencia del uso indiscriminado de las pantallas, entre otras razones. Es preciso y urgente que estos déficits que se han ido propagando se reviertan. Resulta necesario recuperar la riqueza, la precisión y la belleza del lenguaje, ya que sin esta premisa la transmisión del conocimiento es incompleta, imprecisa y difícil. Los profesores y maestros tienen que hablar bien; hay que mirar hacia el lenguaje, mimarlo y enriquecerlo día a día. Estamos comprobando, ya desde hace tiempo, que la relajación en este sentido afecta a todas las materias de cada una de las etapas educativas.

Todas estas consideraciones nos llevan a la necesidad inaplazable de volver a exigirnos y, al mismo tiempo, exigir un nivel óptimo en lectura y escritura. No podemos seguir asumiendo que un porcentaje considerable de alumnos de ESO y Bachillerato finalice la etapa con lagunas expresivas que se trasladan a la Universidad y, a largo plazo, al mundo laboral. Hay que actuar ya, porque lo que estamos induciendo con la falta de rigor lingüístico es la merma de posibilidades y potencialidades del alumno respecto a su continuidad académica o respecto a sus futuras oportunidades profesionales.

El mundo que rodea la palabra es nuestro mundo más íntimo, el mundo que, pensándolo bien, nos resulta más significativo. Toda la gimnasia de nuestra mente, todos nuestros pensamientos y deducciones, nuestros sentimientos y nuestras percepciones, se pueden expresar y articular mediante palabras. Un teorema matemático también precisa de un lenguaje; pensemos, por ejemplo, en los conjuntos numéricos, en geometría o en el comportamiento de una función, todo ello necesita que asignemos nombres y expliquemos relaciones.

De la misma forma, verbalizar un significado filosófico o unos valores éticos necesita de la precisión de los símbolos-palabra, y de su riqueza. El lenguaje también nos permite expresar la belleza de un lienzo o extraer las sensaciones y mensajes de un texto literario, trasladarnos a hechos de nuestro pasado histórico, o expresar valoraciones sobre nuestro futuro o nuestra sociedad. Nos permite compartir el amor y la amistad, que también se nutren del alimento de la palabra. Por lo tanto, ¿existe algo más importante que el lenguaje que debamos aprender?

© narcea s. a. de ediciones

Para adquirir un dominio de la expresión oral y escrita disponemos de la lectura, esa llave que abre la puerta del conocimiento y de las emociones. La habilidad para articular ideas y contenidos, y, con ellos, crear una redacción con sentido, la proporciona, principalmente, la lectura. En nuestro ámbito educativo, la lectura debería retomar un papel de primer orden, porque proporciona el material primario de la palabra y sus relaciones. Cuando leemos, vamos captando expresiones, vocabulario, la construcción de un relato, la belleza de las frases. Si se carece del hábito fantástico de leer, la consecuencia la conocemos todos los docentes: dificultades crecientes de comunicación, de expresión y de comprensión a medida que avanzan los cursos.

Del maravilloso libro de Irene Vallejo, *El infinito en un junco*, podemos extraer todas las emociones y sensaciones que el lenguaje fue despertando en los seres humanos y que, todavía hoy —y quizá hoy con más razón—, nos interpela con asombro y sorpresa. En uno de los fragmentos, la autora se pregunta: "Al fin y al cabo, ¿qué es un cuento?", y responde de muchas formas. Un cuento es una secuencia de palabras, un soplo, y parece imposible que algo tan frágil se salve y permanezca. La humanidad salvó de la destrucción a la narración al inventar la escritura y los libros. Puede resultar increíble, pero de forma misteriosa se ha forjado una cadena de hombres y mujeres que han escrito, que han leído, y que han salvado el tesoro de la narración y la palabra (Vallejo, 2021).

Haría falta un extenso tratado para enumerar y explicar la inagotable fuente de sensaciones que provoca la lectura bajo circunstancias siempre diversas. Los mundos que se abren ante nosotros son infinitos. Tengo la sensación de que mi pasión por la lectura derivó después en mi deseo de aprender, en el placer de conversar, en la tarea de argumentar y explicar. Para comunicar vibraciones de expansión y posibilidad en un aula, los profesores tenemos que ser buenos lectores y, por añadido, buenos narradores.

Charles Dickens conocía bien esta conexión entre el libro y la narración oral, una conexión que sacude nuestra sensibilidad. En sus giras como lector de sus obras, conseguía implicar al público en sus historias, y preparaba estas sesiones con esfuerzo, trabajando la manera de leer y los gestos, anotando en las páginas el tono que debía utilizar: alegre, patético, misterioso, con señas, apuntar con el dedo, leer rápido, etc., en función del fragmento que estuviese leyendo en ese momento. Para comunicar el gusto por la lectura, la expresión y la sensibilidad son importantes (Manguel, 2001).

 Comuniquemos sensación de posibilidad en el aula, contagiemos el valor de la lectura y la amplitud infinita que nos presenta.

Aprender a leer bien, con fluidez y atención, es un ejercicio mental poderoso, seguramente el mejor. Leer nos lleva a toda una sinfonía de sensaciones, es música para el espíritu. Por lo tanto, no solo facilita enormemente el aprendizaje, sino que también constituye una enseñanza holística para afrontar la vida y otorgarle sentido. La lectura ofrece una amplia gama de prestaciones que están siempre con nosotros, ofreciéndonos un apoyo que está ahí, siempre presente, aunque seamos poco conscientes de esta compañía.

En definitiva, la lectura:

1. Nos permite desarrollar miradas interiores.
2. Nos une con la humanidad, nos hace sentir "parte de" a pesar de ser un ejercicio personal.
3. Nos hace ver la amplitud de todo: de las emociones, de las situaciones o de la belleza.
4. Desarrolla nuestra imaginación y creatividad, porque de ella mana un torrente incesante de ideas y relaciones.
5. Favorece el sentimiento cívico de pertenencia a una comunidad y, por tanto, la afirmación de los valores relacionados con el respeto y la dignidad que se precisan en las sociedades democráticas.
6. Nos ayuda a ordenar, articular y comunicar el conocimiento.
7. Nos traslada en el tiempo y nos permite situarnos en épocas, culturas y ambientes diversos.

Además de ser buenos profesores de Lengua, los docentes deberían ser buenos lectores. No solamente por la sensibilidad que nos aporta la lectura, sino por otras muchas razones que tienen que ver con nuestro compromiso didáctico. La dimensión amplia y generosa de la pedagogía resulta mucho más poderosa con un buen bagaje de cultura humanística.

Siempre comentaba con mis alumnos y alumnas que leer favorece las conexiones neuronales y nuestra capacidad para compartir, comprender y comunicar. Las matemáticas son importantes, nadie lo duda, pero el sentido que le queremos otorgar a nuestra vida es una cuestión más fundamental. No disponer de conocimientos humanísticos limita nuestra visión del mundo y nuestra capacidad para dotar a nuestra experiencia vital de un significado plenamente consciente. En cada prueba podían leer una breve reflexión de un escritor, de un pensador. Matemáticas, por supuesto, pero recordad que vivimos, sentimos y convivimos.

> No disponer de conocimientos humanísticos limita nuestra visión del mundo y nuestra capacidad para dotar de un significado plenamente consciente a nuestra experiencia vital.

La comunidad educativa está bastante de acuerdo en este punto: es urgente volver a valorar las herramientas expresivas de fondo, porque sin ellas la transmisión de conocimiento y competencias se transforma en una tarea que puede llegar a desesperar, con la nefasta consecuencia de conducirnos al conformismo y a una especie de desierto cultural. Se trata de ponerse manos a la obra con decisión. Los protagonistas de este profundo cambio de otorgar a la palabra su valor primordial en todos los niveles educativos son los equipos docentes. La máquina burocrático-administrativa es de una lentitud y falta de reacción exasperantes. Si en un futuro esta máquina funciona mejor, bienvenida la noticia.

De momento, la solución que tenemos a mano es nuestro compromiso, día a día, clase a clase, como profesores conscientes de dotar a nuestros alumnos y alumnas de la mayor excelencia posible en el correcto uso de la lengua.

El catalizador emocional

*El comportamiento, la mente, ya sea consciente o no,
y el cerebro que los genera, se niegan a entregar sus secretos
si la emoción —y los numerosos fenómenos que se ocultan
detrás de esa palabra— no es tenida en cuenta
y tratada como se merece.*

Antonio Damasio

La convivencia en el aula implica un cúmulo complejo de relaciones humanas. La figura del profesor es relevante en estos aspectos, ya que actúa como catalizador. Muchas reacciones químicas se producen más fácil y rápidamente en presencia de un catalizador: una sustancia que no forma parte de la reacción, pero cuya presencia es crucial. A esto nos referimos. Nuestra presencia en el seno del laberíntico mapa de emociones y relaciones presentes en el aula debería influir en la mejora constante del nivel, y tendría que manifestarse para hacer fluir —para catalizar— las interacciones en un sentido positivo.

Filtrar adecuadamente las emociones es básico para conseguir que el grupo avance de forma solidaria y optimista. Analizar rápidamente el ánimo que observamos y fijarnos en las emociones que están "circulando" es vital para poder orientar o reconducir la dinámica, de tal forma que generemos ilusión y posibilidades.

No se trata de algo fácil, es evidente. En primer lugar, hay que tener en cuenta nuestra capacidad de gestión de las emociones propias. Encontrar el equilibrio de nuestra propia asertividad requiere intención y atención. A todos nos ha sucedido. En momentos concretos no hemos actuado con este equilibrio suficientemente ajustado, y las consecuencias se hacen sentir. Lo sabemos. La profesión docente conlleva momentos de presión y tensión, pero hay que procurar que sean pocos y de baja intensidad.

Si actuamos de forma asertiva y empática, procurando activar los *inputs* positivos y minimizar los negativos, nuestra tarea de catálisis positiva se potencia significativamente. Es importante, pues, nuestra propia canalización de las emociones, porque repercutirá en la calidad del conjunto de relaciones que implica el aprendizaje.

La didáctica de las sesiones que impartimos se beneficia de la canalización idónea de las emociones. Podemos, por un lado, comunicar pasión por la materia, con lo que contagiamos sensaciones positivas. Asimismo, podemos amplificar el ánimo y la autoestima ante el progreso, por pequeño que sea, de un alumno, o incluso presentar el fracaso como una circunstancia a superar, que no tiene que marcar necesariamente una deriva negativa.

En definitiva, se trataría de actuar en positivo. Lo contrario, es decir, la indiferencia, las acusaciones y reproches innecesarios, o los comentarios negativos que no conducen a nada, anulan la complicidad emocional y contribuyen a la distancia y al desánimo. Nuestras estrategias de gestión emocional influyen de forma decisiva en el progreso o estancamiento del alumno y del grupo en sí.

La percepción de la individualidad es una de las consecuencias lógicas de la canalización de las emociones que se dan en el aula. El sensor que nos permite ver más allá de una mirada, de un gesto o de una actitud tiene relación con nuestra disposición de atención hacia todos nuestros alumnos. Cada uno de ellos tiene que sentir que existe, que tiene un perfil único que ha sido considerado. "Estoy aquí, soy yo, importo, me siento seguro, me siento acompañado".

Juan hace días que no entrega actividades y está desarrollando el proyecto con retraso, y detecto apatía. Tendríamos que hablar y conversar, porque lo primero que debería sentir es apoyo por parte de su profesor. Hablamos al terminar la clase. Nos damos cuenta de que en casa algo anda mal; los padres discuten y el ambiente se deteriora. Intento hacerle comprender que separe esas sensaciones de su actitud en las clases, ya que la anomia y la desconexión no le van a ayudar, sino que se va a añadir otro problema a los que ya existen. Por otra parte, en estos momentos difíciles, hay que arrimar el hombro, porque la huida o el desánimo no solucionan nada. Es lógica la tristeza, es humana, es natural, pero tenemos que seguir adelante.

Normalmente, este tipo de discurso funciona, siempre que se detecte en nosotros esta voluntad de acompañar y guiar desde el profundo respeto a los sentimientos y a las situaciones que nuestro alumno o alumna está experimentando.

 Tenemos que "ver" más allá de una mirada, de un gesto, de una actitud.

Otra derivada de nuestra gestión emocional en positivo es la concepción de cada una de las sesiones con nuestros alumnos como un tiempo de creación. Con la humildad por delante, deberíamos convertir cada clase en un acto creativo. Para alcanzar este estadio, nuestra autonomía emocional como docentes resulta vital. No podemos contagiar estabilidad anímica y sentido común en el aula si nosotros mismos no nos aplicamos estos objetivos. La impregnación del principio de autonomía emocional es imposible si nosotros no la contemplamos.

Por lo tanto, tenemos que ser sensibles a nuestras propias microcompetencias en este sentido: la autoestima, la automotivación, la autoeficacia emocional, el equilibrio entre la dependencia emocional y la desvinculación emocional, la responsabilidad, la actitud positiva, el compromiso con los valores éticos o la resiliencia (Bisquerra, 2020).

Con todo esto —que no es poco— podemos confrontar la realidad del aula con la convicción necesaria. La energía y la proactividad de un maestro no nace de forma espontánea, sino que se trabaja y se pule con tesón, con el convencimiento de que solo desde nuestra autonomía emocional podemos impregnar el ambiente con sensaciones positivas, tan necesarias para impulsar al alumno hacia sus máximas posibilidades.

En este sentido, existen conceptos que deberíamos considerar y/o recuperar. La autodisciplina, el esfuerzo y la voluntad son necesarios. Al alumno no le podemos ofrecer la anomia cultural y cívica que observa fuera de las aulas, porque, sencillamente, no es la función de la escuela. El radar emocional del aula funciona y, por lo tanto, nuestros alumnos y alumnas captan perfectamente si nos unimos a esta especie de parálisis social o les dotamos de la palanca del conocimiento.

Si contemplamos la importancia de las emociones, haremos posible que todo el engranaje del día a día funcione. Incorporar conocimiento y competencias resulta mucho más fácil desde una buena "lectura" de las sensaciones y percepciones que se transmiten en cada clase. Observamos reacciones, notamos actitudes, detectamos posibles en cada uno de nuestros alumnos. Dicho así, parece simple, pero se trata de uno de los núcleos realmente complejos de nuestra tarea como docentes. Los factores para que esta "lectura" —que evoluciona continuamente— se produzca se basan en las microcompetencias que hemos detallado.

Asimismo, hablemos también del balance entre la dependencia y la desvinculación. El docente que vive a fondo su profesión siente dependencia emocional, pero requiere, para lograr un sano equilibrio, de la capacidad de desvinculación. Tenemos que combinar constantemente la conexión sólida y el apoyo oportuno con el momento en que soltamos lastre, con la sensación interior que nos retorna la idea de que la finalidad es que el alumno se haga responsable. Pero es curioso: solo podemos sentir como positiva esta sensación si la opuesta, la de la emoción compartida, ha tenido lugar de forma intensa. Es necesario vincularnos plenamente para poder desvincularnos.

Por ello, la vinculación excesiva o el apoyo gratuito y sin sentido pueden ser claramente nocivos, como lo es también una desvinculación precipitada. La conexión emocional sensible requiere adaptar constantemente la interacción con cada alumno en función de su evolución personal y académica. Este delicado equilibrio influye también en nuestra estabilidad anímica y en la ilusión y la resiliencia que necesitamos.

Tanto esta estabilidad como esta ilusión de la que hablamos son imprescindibles, porque ejercemos una función impulsora que se prolonga en el tiempo y que necesita siempre de la generación de nuestros propios estímulos. Sin estos, concebir una clase como una nueva oportunidad resulta un objetivo difícil. Este es uno de los factores por el que un profesor puede descender a un estado en el que vislumbra que su trabajo carece de valor, a la anomia o a la monotonía, incluso, en casos más extremos, al fantasma de la depresión.

 Nuestra ilusión y nuestra resiliencia son imprescindibles para impulsar el aprendizaje.

La fortaleza emocional, el convencimiento profundo de la importancia de nuestra labor, y nuestra capacidad de observar, analizar y mejorar, son todos ellos pilares fundamentales para que aquel alumno, aquel grupo, se impregnen de un auténtico gozo intelectual. Conseguirlo no es nada fácil, porque se percibe un declive, un empeoramiento y un abandono general o ambiental respecto a las bases de lo que todos imaginamos como una buena escuela. Este abandono general tiene, por supuesto, una influencia negativa en el refuerzo de la autonomía emocional de la que tanto precisa el docente. El educador puede llegar a tener la percepción de predicar en el desierto.

Comprobamos cómo va decayendo el papel de la escuela como institución eminente, y este es un fenómeno relacionado con un proceso global: la transición de una sociedad disciplinada y autoritaria a la sociedad hiperconsumista de la hipermodernidad. Estamos ante una auténtica segregación educativa (Lipovestky, 2010).

Por lo tanto, más que nunca, para recuperar las condiciones de un clima de confianza, tendríamos que colaborar todos, y de forma decidida, para rehabilitar la cultura del trabajo y del mérito, al mismo tiempo que se refuerza la cohesión social.

¿Por qué no nos convencemos todos de que cuidar la educación es cuidar el futuro? ¿No es evidente? ¿Hace falta recordar que una educación de bajo nivel —barata ahora— puede resultar carísima a medio plazo? Pero volvamos a esa dignidad necesaria —y parece que en retirada— de la que deberían gozar los profesores y la enseñanza en general. Las sensaciones de abandono y soledad en este sentido influyen en la autonomía emocional del profesorado. Del mismo modo, las emociones, las sensaciones y los sentimientos, entre otros, van de la mano de una buena escuela. El deterioro progresivo del principio de educabilidad tiene consecuencias.

Como afirma Gregorio Luri, los niños fracasan porque nadie compensa sus déficits con el tiempo suplementario de docencia que haga falta para demostrar que pueden aspirar a volar muy alto si están dispuestos a esforzarse, y este mismo es el olvido que está haciendo un daño irreparable en las aulas (Luri, 2013).

Hace años que estamos abocados al descrédito de la transmisión. Hasta se cuestiona una clase magistral, la cual, bien preparada, constituye una potente estrategia para la comprensión profunda, no solamente en cuanto a los contenidos, sino también en lo referente a la impregnación en el aula de lo que representan las habilidades comunicativas y su importante papel en la interpretación y en la riqueza de matices del tema tratado.

Por otra parte, no debemos olvidar el principio de calidad: podemos aprender muchísimo de una exposición oral excelente y casi nada de una sesión con el soporte exclusivo de la tecnología digital. Al final, sea cual sea el diseño de una sesión, se percibirá el grado de sensibilidad del profesor o, si se quiere, su capacidad de conexión emocional con el grupo y su habilidad expresiva, aspectos que determinan el objetivo fundamental: que realmente se esté aprendiendo, entrenando, pensando y generando posibles.

 Lo realmente importante es la transmisión significativa de conocimiento, independientemente del diseño o de la forma que adopte la hora-clase.

Para difundir y compartir conocimiento necesitamos de las emociones. Son fácilmente reconocibles las señales que nos indican que estamos logrando una atención inducida por nuestra conexión emocional con el grupo. Las miradas y las preguntas nos hablan y nos indican. Los docentes tenemos que lanzar globos sonda, cuerdas donde asirse, silencios significativos, sensaciones que hablen, sin hacerlo realmente, de las posibilidades de seguir incorporando conocimiento y estímulo, ese algo inconcreto que provoca la apertura mental.

En la primera sesión en la que introducía el concepto de la derivada, solía comentar en clase que tomaran nota de la fecha, porque estaban a punto de vivir —vaya exageración— uno de los momentos mágicos en la vida: comprender el significado profundo de la derivada, de su belleza, de sus consecuencias, del "salto mental" que significó para las matemáticas —y para la sociedad— esa genial abstracción. Objetivo conseguido. Sorpresa, interrogantes y ganas de saber. Lo que viene después de esto es gratificante: sesiones de intenso trabajo y de conversación matemática.

* * * * *

LEYENDO A: VICTORIA CAMPS
Creer en la educación

El principio de la fortaleza emocional resulta fundamental en el aula. Debemos pensar en lo que sentimos y, al mismo tiempo, tenemos que sensibilizarnos respecto a lo que pensamos. Para afrontar cada clase, cada situación, cada conflicto, es preciso una medida justa, un necesario equilibrio emocional.

"El equívoco del culto actual a las emociones es doble. Por un lado, se dice que las emociones han quedado excluidas del pensamiento occidental, convirtiéndolo en un pensamiento marcadamente racional y forjado en la lucha necesaria de la razón contra el sentimiento (...) Pero la contrapartida al imperio de la razón ha sido el culto a las emociones, que podría convertirse en el triunfo sin paliativos de lo irracional (...)

Uno de los conceptos más desvalorizados por la nueva educación es el de la disciplina, un requisito que se quiso desterrar de la práctica educativa porque se identificó con la represión pura y la falta de libertad. Ahora, la disciplina comienza a revalorizarse, ya que se ha hecho evidente que sin ella no es posible enseñar nada, ni en el aula ni fuera de ella (...) Ser disciplinado significa haber asumido una cierta austeridad en las relaciones con uno mismo y con los demás. Quiere decir estar emocionalmente educado".

La lacra del acoso escolar

*La existencia de una naturaleza humana
en toda su complejidad supone que junto a los instintos
que nos impulsan a ser violentos, hay instintos de signo
contrario (los ángeles que llevamos dentro). Todo depende
de qué lado de nuestra naturaleza acabe
siendo más influyente.*

STEVEN PINKER

Venimos hablando de conexiones, de sensaciones, de la necesaria autonomía emocional. ¿Qué sucede en su ausencia? ¿Qué puede ocurrir cuando toda una sociedad ofrece ejemplos públicos constantes de insensibilidad? ¿Qué efectos tiene en la educación que el ideal del éxito personal consista en poseer y en parecer? ¿Cuáles son las consecuencias de que las personas que no siguen determinados cánones y ciertas tendencias sean consideradas tan diferentes hasta el punto de padecer el asco y el desprecio?

Estas cuestiones conforman el núcleo central y profundo de la lacra del acoso escolar. Evidentemente que las escuelas deben establecer rigurosos protocolos —y cumplirlos—, pero no le podemos atribuir la responsabilidad exclusiva, porque todos educamos, todos transmitimos, todos debemos velar por que las certezas éticas prevalezcan.

Creo que estamos pagando muy caro el rito casi religioso de creer exclusivamente en la adaptación constante a esta tendencia socavada de valorar la consigna y la fe desmesurada en "lo práctico" y en "lo que se lleva, lo guay", y menospreciar la diferencia, la crítica o la reflexión. Este rito va acompañado de una de sus consecuencias; un abandono y/o ninguneo, en aumento constante, de las disciplinas humanísticas. Para medir las consecuencias de nuestros actos necesitamos de unos referentes, de unas lecturas, de unos ejemplos, de espejos donde se pueda reflejar el bien. Es decir, de unas influencias que nos lleven a actuar, emulando a Kant, como si nuestra conducta pudiera convertirse en ley universal, o lo que es lo mismo, en una ley válida para todos.

Como profesor de Matemáticas, esa asignatura tan importante en una sociedad digital y tecnológica, me ha inquietado siempre el menosprecio latente que existe hacia las humanidades; un menosprecio, por cierto, fomentado desde el poder político y las administraciones educativas, aspecto sospechoso e interesado. He hablado con mis alumnos de esto, de que hay unos principios básicos en la vida que debemos observar, mucho más importantes que los teoremas, las demostraciones y los cálculos.

Cuando aparece un conflicto en la escuela o en el aula, hay que recordar y defender a ultranza la principal razón de ser de nuestras escuelas, institutos y universidades. La educación posee una raíz profunda, unas certezas, una solidez que hay que poner en valor más que nunca y que debemos recuperar con determinación.

Podría referirme a los datos estadísticos referentes al *bullying*, pero no es necesario. Están al alcance de todos y los conocemos de sobra. Son abrumadores, intolerables en un sistema educativo sólido que pretenda formar personas libres, responsables, con criterio y con un buen nivel cultural. Hay que analizar con detalle el tema del acoso escolar, que va de la mano de otras cuestiones, todas ellas con datos también alarmantes: déficit creciente de cultura general, ansiedad, depresiones, adicciones... Las consecuencias del malestar en la escuela son múltiples y tenemos que ser conscientes de que la solución no reside solamente en la institución, porque esta no es una entidad-burbuja que se pueda aislar de un ambiente social determinado. Estamos asistiendo a un déficit creciente de la mirada y del gesto a causa de la vorágine digital.

En definitiva, hablando claro, se va el tiempo en tonterías diversas y se está produciendo un vacío de educación de personas razonables, en el sentido en que las define John Rawls: "las personas razonables desean, por su propio bien, un mundo social donde ellas, como personas libres e iguales, puedan cooperar con otras en términos que todas las partes acepten" (Lipman, 2016).

Y ahí radica el problema central del acoso escolar, en la ausencia de la cooperación y de la convivencia en términos, subrayo, que todas las partes acepten. Solamente despertamos, nos activamos, cuando sucede algo triste, definitivo e inevitable, cuando la vergüenza colectiva nos interpela. Pero no se enfoca el problema de forma seria ni con la determinación necesaria para recomponer, desde todos los ámbitos, los principios humanistas que se hallan en retirada.

Desde hace algunos años, el acoso puede producirse, y lo hace con frecuencia, fuera del centro educativo (Instagram, Facebook, TikTok y otras redes sociales), pero las consecuencias las recibe todo el entorno. De esta forma, al profesor se le presenta el conflicto generado la tarde anterior o durante el fin de semana sin que haya tenido, a no ser que hubiera indicios previos, ninguna capacidad de actuar o intervenir.

Volvemos a la ausencia de responsabilidad colectiva: a la permisividad sin límite de algunas familias, a la carencia del valor del respeto hacia los demás —el cual se aprende en casa— o a un ambiente social excesivamente individualista y competitivo. Es ahí donde se planta la semilla.

Para afrontar a fondo el acoso escolar es preciso recomponer con determinación, desde todos los ámbitos, los principios de un humanismo básico.

Dicho todo esto, el compromiso de maestros y profesores en la lucha contra esta lacra debe ser incondicional, persistente y convincente. Todo lo que signifique mirar hacia otro lado pensando que "ha sido una broma", que "no es para tanto", que "todos lo hacen", que "en cierta forma, es lógico, porque Javier se relaciona poco con los demás", que "Elena se muestra demasiado seria", o que "claro, es que Ana todavía es muy infantil", da alas y carta blanca al acosador. Y no solamente eso, también extiende la idea de que el acoso se define como tal solo en el caso de actuaciones extremas, cuando, paradójicamente, ya no hay remedio, o cuando solucionar el problema es muchísimo más complicado porque hemos permitido el crecimiento del grado y de la complejidad del conflicto.

Así pues, los docentes se enfrentan a más obstáculos que los puramente internos. Incluso se pueden encontrar con familias —las hay— que aseguren que los niños y adolescentes "tienen que ser fuertes frente a las adversidades". Como si esta afirmación fuera una caja de sastre donde cabe todo. Y no es así. Nadie se atreve a poner en duda que hay que educarlos en resiliencia y en resistencia, porque la vida es como un mosaico polícromo: pisamos baldosas de vivos colores y baldosas oscuras.

Sin embargo, esta necesidad no es un pasaporte que nos permita humillar o infligir sufrimiento a los demás, suponiendo que es su deber ser resistentes. La dignidad es la frontera entre una broma compartida, y mutuamente aceptada, y el comentario hiriente. Por lo tanto, sí que existe esa línea divisoria, un tanto indefinida, que un maestro tiene que calibrar.

El camuflaje que proporciona la tecnología ha venido a agravar y facilitar el *bullying*, porque sitúa al acosador en la distancia, y en esa distancia todo se torna más banal y nos afecta menos. El uso habitual de las redes para descalificar o ridiculizar a un compañero de clase se basa en la cortina de humo que representa esa distancia respecto a la víctima.

El neurocientífico y filósofo Joshua Greene ilustra con un ejemplo este efecto: nos vemos más obligados a ayudar a una persona que vemos a nuestro lado necesitada de ayuda que a contribuir con un donativo a una ONG. A esa persona la vemos cercana, herida o con una mirada de angustia que nos interpela directamente; en el caso de la donación, no vemos los rostros famélicos de niños hambrientos, aunque la ONG se esfuerza —porque conoce este efecto de la distancia— en mostrarnos imágenes conmovedoras de las hambrunas. Se trata de la diferencia palpable entre el escenario personal y el impersonal, corroborada por la neurociencia, pues en el primer caso se detecta más actividad en las zonas del cerebro asociadas a las emociones y a la empatía (Gazzaniga, 2006).

La gestión de estos conflictos requiere de la escuela un estado de alerta y observación permanente, además de una implicación máxima y presencial, precisamente porque nuestra presencia —el escenario personal— favorece la comprensión del otro y, paralelamente, la valoración correcta del daño moral que se está infringiendo. La convicción que mostremos en la prevención, favoreciendo una conciencia firme de respeto entre compañeros y compañeras, es determinante para no tener que intervenir cuando el acoso va aumentando. Si el acosador, junto con otros espectadores que otorgan y callan, detecta alguna fisura o abandono en esa convicción, el conflicto aparecerá y se hará patente, porque no hemos difundido un mensaje decidido. Los maestros y profesores somos la última muralla frente a esta lacra, y tenemos que ser muy conscientes de ello.

La convicción que mostremos en la prevención del acoso, favoreciendo una conciencia firme de respeto, es determinante para no tener que intervenir cuando la situación alcanza límites extremos.

El hecho de que los factores ambientales no acompañen no debe ser un motivo para la indiferencia. Y esos factores existen. La sensación que se vive en los claustros es que falta tiempo y, respecto a esta cuestión, no podemos exigir a la escuela que se convierta en una especie de Atlántida cultural, sumergida y aislada, donde reina el bien, ajena por completo a lo que sucede en el exterior. Estamos expulsando lo distinto, y con "distinto" nos referimos a la víctima potencial del acoso escolar, ya sea por ser inmigrante, por ser de color, por ser homosexual, por ser silencioso o tímido, quizás por una pasión por la lectura o por el estudio, etc. Parece que hay que pertenecer obligatoriamente al canon general, a la tendencia. Según el filósofo Byung-Chul Han:

> En principio, el mundo es sensibilidad, mirada…, pero, hoy, el mundo es muy pobre en miradas. En el ruido digital de lo igual hemos dejado de percibir la voz del otro. Es decir, nos hemos vuelto resistentes a la voz y a la mirada. (Han, 2017).

También existe el factor tiempo. Todo tiene que suceder rápido. Las soluciones no se pretenden elaboradas o trabajadas, sino inmediatas. Es, en parte, este mar de fondo lo que lleva a que sea muy difícil valorar las situaciones paulatinamente y de manera preventiva. Para hacerlo de esta forma, para lograr un seguimiento constante y correcto, se necesita tiempo.

De hecho, la sociedad pide ya a gritos soluciones contundentes por su incapacidad de conseguir ambientes idóneos, con tiempo para hablar, para corregir, para acompañar. Es un mal de nuestro tiempo al que las aulas no son ajenas. No hay apenas espacio para el trabajo bien hecho, para el compromiso. Lo expresa muy bien el sociólogo Richard Sennett:

> El espíritu artesanal tiene una virtud fundamental que brilla por su ausencia en el trabajador, estudioso o ciudadano idealizados por la nueva cultura: el compromiso (...) Hacer algo bien, aunque no se obtenga nada de ello, es el espíritu de la artesanía auténtica. Y únicamente ese tipo de compromiso desinteresado —es, al menos, lo que creo— puede enaltecer emocionalmente a las personas; de lo contrario, sucumben en la lucha por sobrevivir. (Sennett, 2006).

Actuar desde el compromiso es absolutamente necesario. El seguimiento, la observación o la mejora constante de nuestra dinámica en el aula son indicativos de una tarea cuidadosa e intensiva. Representa un esfuerzo, porque cada maestro o cada profesora percibe perfectamente este ambiente en contra del compromiso. Pero no hay otra opción si queremos modificar los pésimos datos sobre la evolución del acoso escolar. La intervención decidida del claustro frente a cualquier pista o señal, por pequeña que sea, es primordial.

En las primeras páginas del libro hemos hablado de carácter y conciencia. Tenemos que demostrarlos día a día, porque nuestra convicción es fundamental para evitar el *bullying*. No vale aplazar, no vale minusvalorar un detalle significativo: hay que hablar del tema, intervenir, comprometerse.

Pensemos que, de alguna forma, se han cerrado horizontes. La cantidad de energía, atención y tiempo que pierden muchos adolescentes con el móvil consigue ese efecto limitante, esa dependencia de un mundo realmente pequeño. La pérdida de sensaciones que amplían perspectivas se hace, entonces, patente. También, la pérdida de criterio y de individualidad, hecho totalmente contradictorio con la ficción del individualismo a ultranza que se impone de manera soterrada pero firme. De alguna forma, se pierden, o disminuyen su valor, las dimensiones individual y colectiva.

Nuestro gran reto sería conseguir que nuestros alumnos y alumnas miren más allá, que amplíen la visión del mundo. En caso contrario, de seguir así, se extenderían unos comportamientos en los que mirar, conversar, analizar, contemplar, pensar, profundizar o divagar podrían convertirse en un lujo al alcance solo de mentes muy lúcidas o de alumnos que se hayan cruzado con profesores interesados en esas "raras cuestiones".

Ese mundo hermético, limitante, afecta a la consideración del otro, a la noción de respeto ampliamente concebida. No recuerdo si era Mafalda en persona —o algún otro personaje que le acompaña— quien lanzaba al vuelo una de las preguntas más básicas que nos podemos plantear: "¿se dan cuenta de que sin la ayuda de todos nadie sería nada?". Necesitamos a los demás, convivimos con ellos, y esas relaciones, múltiples y diversas, marcan nuestras vidas. Para ello, tendríamos que plantearnos las siguientes cuestiones: ¿por qué un acosador olvida los lazos que nos cohesionan? ¿No tendríamos que intentar promover entre todos la noción básica del respeto? ¿De verdad pensamos que todo vale? ¿Podemos llegar a creer que una sociedad democrática, con ciudadanos pretendidamente iguales ante la ley, puede sostenerse sin normas aceptadas por todos? ¿Podemos ser todos libres? ¿O solamente puede serlo el que "pisa fuerte"?

 No vale aplazar, no vale minusvalorar un detalle significativo: hay que hablar del tema, intervenir, comprometerse.

Se trata de un problema de raíz múltiple que tenemos que abordar con urgencia en las escuelas y en la sociedad. Como hemos visto, existe un cierto fondo de anomia ética y cultural que facilita estos abusos[1]. A modo de resumen, afrontar con responsabilidad y decisión el problema del acoso escolar requiere varias acciones coordinadas y simultáneas:

- *Mejorar el nivel cultural de los alumnos,* porque la capacidad de análisis y de valoración de las consecuencias de nuestros actos necesitan de una amplia base de conocimientos. En este sentido, la mitificación excesiva de las competencias limita la dimensión humana de la educación.

- *Otorgar de nuevo la importancia necesaria —más que nunca— a las materias humanísticas,* las cuales nos ofrecen y/o nos facilitan un acercamiento a las preguntas básicas que todos nos hacemos, al conocimiento de nuestro mundo y su mejora, y a disponer de una ética ilustrada y con fundamento, que favorezca la reflexión sobre nuestra conducta y sobre las necesarias normas de convivencia.

- *Entrar en el aula equipados con un mensaje potente* en cuanto a establecer límites respecto a cuestio-

---

[1] El sociólogo norteamericano Robert K. Merton describía la anomia como "el estado de ánimo de quien ha perdido sus raíces morales, de quien ya no tiene pautas... el hombre anómico es espiritualmente estéril, concentrado sobre sí mismo, no responde ante nadie. Se brula de los valores de otras personas... La anomia es una situación de ánimo en la que se ha quebrado o se ha debilitado el sentido del individuo para la correspondencia social, que constituye la fuente fundamental de su actitud moral". (Dahrendorf, 1983).

nes fundamentales, a delimitar el respeto mutuo, a equipar con asertividad a nuestros alumnos, y a mostrarles y exigirles la lógica de una convivencia sana. Este mensaje potente se explica por sí mismo, ya que deriva de una ética compartida y se logra por la acumulación de detalles que ellos perciben en el día a día.

- *Actuar con convicción y con protocolos eficaces* desde la administración educativa, apoyando sin fisuras, en este sentido, a los equipos docentes.
- *Dejar bien patente que todos somos importantes.* Este es el fondo sobre el que descansa nuestra acción educativa. Todos dependemos de todos.

Por lo tanto, es esencial realizar la importancia de cada labor, la importancia de cada ser humano. A mí me gustaba explicarlo con ejemplos. Algo tan sencillo como comerse una buena manzana requiere de muchas personas; por eso podemos disfrutar de ello. Disfrutar de ese momento ha sido posible gracias al agricultor, a la persona que la tomó del árbol, al tractorista que llevó las cajas al almacén, al transportista, al comerciante que las vende, y así sucesivamente.

Del mismo modo, conocer la previsión del tiempo, gozar con la lectura de un buen libro, poder pasear por un parque natural, utilizar nuestro móvil, etc., depende de la dedicación de muchas personas. Todo ello se consigue porque existe una cadena humana que hace posible las cosas, por ende: todos necesitamos de todos y todos somos dignos de respeto.

* * * * *

LEYENDO A: BYUNG-CHUL HAN
La expulsión de lo distinto

Una de las causas de no reconocer al otro y de no respetar su alteridad reside en no escuchar, desde la soberbia y el narcisismo de un *yo* egocéntrico. Saber escuchar al otro, al diferente, es el primer paso para su reconocimiento.

"En el futuro habrá, posiblemente, una profesión que se llamará oyente. A cambio de pago, el oyente escuchará a otro atendiendo a lo que dice. Acudiremos al oyente, porque, aparte de él, apenas quedará alguien más que nos escuche. Hoy perdemos cada vez más la capacidad de escuchar. Lo que hace difícil escuchar es, sobre todo, la creciente focalización en el ego, el progresivo narcisismo de la sociedad. Narciso no responde a la amorosa voz de la ninfa Eco, que en realidad sería la voz del otro. Así es como se degrada hasta convertirse en repetición de la voz propia.

Escuchar no es un acto pasivo. Se caracteriza por una actividad peculiar. Primero, tengo que dar la bienvenida al otro, es decir, tengo que afirmar al otro en su alteridad. Luego, atiendo a lo que dice. Escuchar es un prestar, un dar, un don. Es lo único que le ayuda al otro a hablar. No sigue pasivamente el discurso del otro. En cierto modo, la escucha antecede al habla".

Solidez
y creación

Las personas sentimos dos necesidades en paralelo: por un lado, buscamos unas certezas sólidas, un suelo firme, y, por el otro, buscamos el sueño, la imaginación, el ir más allá de lo dado, de lo básico o de lo monótono. Determinar, modificar y graduar estos dos aspectos forman parte del guion del profesor. El termómetro de este binomio entre unos principios que actúen de guía y que ayuden a que los alumnos perciban seguridad —o toda la posible— y el necesario espacio para la creatividad y la libre aportación, debe marcarnos siempre una temperatura ambiente idónea. Este equilibrio puede parecer ambiguo o, aparentemente, poco importante, pero no lo es, y aquí intentaremos demostrar que es crucial para aproximarnos a una educación sólida.

Este binomio entre el fundamento de las materias, de los métodos y de los valores, y el campo de nuevas posibilidades que se abren tiene relación directa con la cuestión de la probidad académica, aspecto que a los profesores os ocupa y os preocupa. Veamos. Hablamos continuamente de la búsqueda de la verdad y de la honestidad. También, insistimos en la necesidad del esfuerzo, del hábito y de la constancia, de la acumulación de detalles que nos llevan al conocimiento y a la competencia personales. Por otra parte, internet —y, ahora ya, la inteligencia artificial— nos facilitan herramientas para que podamos presentar un proyecto, una síntesis de un libro o unos simples apuntes de los cuales no somos los autores. Todos hemos obligado a algún alumno a repetir un proyecto o a evaluarlo negativamente ante la copia flagrante.

En este sentido, todo control resulta insuficiente. Tenemos que asumir la responsabilidad de defender sin titubeos la probidad académica, porque su no cumplimiento nos demuestra la carencia de solidez y de creatividad, y esto proporciona un mensaje de pasividad y anomia, lo más opuesto a la creación de sentido y de búsqueda que acompaña a la acción educativa.

Me gustaba comentar abiertamente este tema con mis alumnos. Copiar es mucho menos interesante que crear o que crecer intelectualmente. El precio que se ha de pagar es demasiado alto, porque renunciamos a nuestro propio *yo*, a nuestras posibilidades de mejora. Por otra parte, en la vida real, es necesario el compromiso con la propia responsabilidad y demostrar conocimiento, habilidad y competencia.

En este contexto, la ayuda externa que las escuelas recibimos desde el ámbito social es escasa. Parece que prime el éxito y la eficacia por encima de todo. Nuestros alumnos saben que se compran voluntades, que se consiguen tesis a cambio de dinero, que el mérito y la igualdad de oportunidades están, si no lo remediamos entre todos, en franca decadencia. Frente a estos ambientes e influencias, ¿puede la escuela seguir firme, inculcando solvencia, preparación, ética, compromiso, competencias o buen nivel académico, entre otras cualidades esenciales?

Una escuela que apueste por la solidez y la creatividad debería resistirse a estas influencias. Una escuela que apueste por consolidar los valores humanistas y democráticos y que, además, pretenda una educación amplia y profunda, debe seguir apostando, contra toda comodidad, por la exigencia académica y por la tarea de fomentar la honestidad y el esfuerzo. La pedagogía de altas miras, que aspira a máximos, necesariamente ha de resistir en este sentido. La escuela que se precie de serlo practica una pedagogía sólida para poder navegar en nuestros tiempos de vorágine y de cambio.

El *principio de educabilidad*, el cual se basa en que todos somos capaces de aprender en potencia, todos tenemos el derecho de aprender, y de aprender lo máximo y lo más significativamente posible; y el *principio de libertad*, en el que el aprendizaje requiere iniciativa y compromiso personales, tienen que constituir la simbiosis que requiere una escuela que forme sólida y creativamente a sus alumnos y alumnas.

Philippe Meirieu defiende esta coherencia, esta simbiosis, el retorno a una auténtica pedagogía, encarnada en el alumno-sujeto. El autor afirma que este: "Es capaz de vivir en el mundo sin ocupar el centro del mundo (...); es capaz de superar sus impulsos, toma su tiempo para examinar la legitimidad de sus actos a la luz de las consecuencias posibles para él y para otros (…); es capaz de transformar su deseo de saber en deseo de aprender (…); sabe distinguir lo que hace de lo que aprende (…); es capaz de desempeñarse y de entender los puntos de vista de los demás (…); es capaz de fijar su atención y de concentrarse plenamente en un gesto físico o mental (…); es capaz de separarse de la seducción y la influencia de un objeto, de una persona o de un grupo (…); es capaz de desencadenar el saber y de creerlo (…); ha interiorizado la exigencia de precisión, de justicia y de verdad (…); es capaz de metabolizar las pulsiones que le habitan". (Meirieu, 2018).

 El principio de educabilidad y el principio de libertad constituyen la guía de una escuela que forma sólida y creativamente a sus alumnos y alumnas.

Se trata de una exigencia. El retorno a una pedagogía de nivel implica dejar a un lado una serie de contradicciones que nos han estado atenazando. Es preciso, de inmediato, eliminar las dudas que provocan desánimo y parálisis en las aulas. Por otra parte, no es tan evidente que la atracción de las redes y el uso convulsivo del ámbito digital sea la causa última de esa tendencia a la comodidad y a la practicidad. Detrás de esa atracción o de ese uso existen razones ocultas, porque los comportamientos y actitudes no nacen por generación espontánea, son consecuencia de lo que el alumno ve, nota y percibe en sus círculos cercanos.

Existe una diferencia clara y remarcable entre ser práctico y evitarse "problemas", y profundizar en una enseñanza de nivel, exigente e ilusionante a la vez, que no titubee ni dude ante la tentación de lo fácil. Si no se marca esta diferencia, los alumnos querrán ser breves, prácticos y, a fin de cuentas, tristes plagiadores. *Instrucción* o *formación*: el dilema está servido.

La educación ha oscilado desde la sobrevaloración del esfuerzo, exclusivamente memorístico, hacia la velada y persistente crítica al esfuerzo entendido como principio o factor nuclear. Es evidente que la felicidad no reside en la pasividad; por tanto, es necesario sentirse útil, ser competente, ser culto y ser ético. A esos objetivos generales se debería dirigir una educación para todos, inclusiva y de nivel. La pereza, la indiferencia y la apatía —el ir trampeando— no son aptos para educar con criterio. Esperar que otros hagan, que otros actúen o que otros piensen por nosotros favorece la pereza y la desidia. No pretendemos esto en educación. Es nuclearmente necesario el esfuerzo y el no potenciarlo constituye un engaño de proporciones inmensas hacia los alumnos y alumnas y hacia la sociedad que confía en el sistema educativo.

Todas las finalidades esenciales del sistema educativo requieren esfuerzo. El conocimiento significativo que nos capacita para saber, relacionar y reflexionar demanda esfuerzo. Adquirir la habilidad necesaria en matemáticas, comprendiendo sus conceptos, practicando sus procedimientos y usando esta materia de forma efectiva en el área de Ciencias, requiere esfuerzo. Comprender el mundo, adquirir un buen nivel humanístico y ético, requiere esfuerzo. No podemos engañarnos, no podemos engañar. En el camino que recorre el alumno en la escuela, en el instituto y en la universidad se han sumado esfuerzos.

El protagonista central es el propio alumno, pero las ayudas decisivas también han servido de aportación: los equipos directivos, los profesores, los tutores, las familias... Aquella tarea continua y tenaz en cada clase, en cada conversación, en cada ejercicio, en cada prueba, en cada proyecto, conforman una extensa suma de esfuerzos. Nada sucede por casualidad, nada cae del cielo, ni tampoco nada se construye desde la anomia y la superficialidad.

Nuestra actuación como profesores constituye la palanca eficaz para que el conocimiento y los nuevos horizontes de creación se puedan vislumbrar. El hecho de que nuestra dinámica docente, nuestro día a día, muestre esta doble faceta es decisivo para que el aula se contagie y se impregne de este espíritu. Generar ejercicios y actividades de creación propia, más allá de la pauta de fondo de materiales previamente dados, investigar nuevas vías para la comprensión, o inducir la participación en la comprensión de contenidos, son pautas que contagian, que impregnan a nuestros alumnos de estas sensaciones duales, de la posibilidad de "remover" el conocimiento para profundizar en él, para descubrir nuevos aspectos, para crear.

Se pueden plantear muchas objeciones respecto a esta ambiciosa simbiosis educativa: asentar con fundamento el conocimiento y las competencias y, a la vez, impulsar el deseo de la creación, de la profundización, de la génesis imaginativa. La primera discrepancia, podrán decir con razón algunos, es que en realidad se trata de una única dinámica. De hecho, está todo integrado, porque resulta imposible elevarse a nuevas y personales posibilidades creativas sin consolidar un cuerpo de contenidos bien relacionados y comprendidos. Por otra parte, es difícil que el conocimiento quede sólidamente anclado sin desarrollarlo en toda su amplitud, sin ir más allá, sin indagar.

Otra crítica comprensible a esta simbiosis es el esfuerzo que significa conseguirla. En este sentido, tenemos que reforzar siempre nuestro compromiso. Nuestra implicación es crucial para conseguir esta alianza entre creatividad y solidez. Se precisa de grandes dosis de voluntad y convicción, ya que la intensidad que se requiere de nosotros como profesores es máxima.

Sin embargo, es posible; lo podemos conseguir desde la resiliencia, desde la acumulación de experiencia, desde el tesón que precisamos para contagiar el entusiasmo y el trabajo constante. La organización y la previsión son imprescindibles. La preparación del plan de acción que vamos a desarrollar, siempre sujeto a mejora y rectificación, juega un papel central y debemos ser plenamente conscientes del esfuerzo que se precisa.

 Una buena preparación de las sesiones, del plan de acción que vamos a desarrollar, siempre sujeto a mejora y rectificación, juega un papel central.

También podemos pensar que este plan de acción que diseñamos y vamos puliendo se enfrenta a un ambiente social un tanto hostil a todo lo que represente la constancia en la tarea, el análisis, la reflexión y el esfuerzo tenaz. Nuestros alumnos están inmersos en una sociedad líquida donde estas actitudes no se ven premiadas o, al menos, no parece que sea así. Las redes sociales propagan con demasiada frecuencia unos mensajes inmediatos, simples y superficiales que invitan al vacío cultural y a la cancelación de la voluntad. La escuela está asediada y condicionada por una cierta pobreza cultural. Encumbrar lo fácil, lo cómodo y lo banal es tentador, pero las consecuencias personales y sociales de esta tendencia ya se están dejando sentir.

Las preguntas abiertas que se nos plantean apelan al fin último de la educación. Desde los centros educativos, ¿tenemos que acomodarnos a estas inercias o apostar por una enseñanza que recupere su razón de ser? ¿Es deseable una sociedad formada por ciudadanos libres, responsables y cultos? ¿O nos basta con una mera instrucción?

Si la respuesta a estos interrogantes es —o debería ser— decidirnos por una educación sólida, ligada a su razón de ser, tenemos que orientar nuestras actuaciones hacia el objetivo de facilitar una construcción personal del conocimiento, lo que presupone unos tiempos adecuados de elaboración y una libertad creativa. Disponer de la calma y de la pausa necesaria es la principal premisa para la comprensión profunda y la activación de una memoria significativa, para, de esta manera, conseguir que el deseo innato de saber derive en algo sólido y creativo, es decir, en conocimiento realmente asimilado.

La postura maximalista de idolatrar el medio digital como medio único está causando estragos, porque conduce a carencias competenciales y formativas que ya estamos empezando a conocer: disminución del nivel de atención y concentración, nivel deficiente de comprensión lectora, dificultades para articular un texto, limitación del vocabulario, entre otras muchas.

Aquello que podemos denominar *mediación tecnológica* condiciona la reflexión necesaria para que conceptos y relaciones se inserten en nuestro cerebro. Ya hay profesores que se "rebelan" contra el abuso de esta mediación, porque se empiezan a percibir déficits alarmantes. Uno de ellos consiste en la incapacidad de escribir enlazando ideas y razonamientos de forma lógica, correcta y articulada, siguiendo un guion mínimamente inteligible y coherente. Estos profesores "rebeldes" demandan a sus alumnos apuntes bien estructurados, en un retorno al lápiz, al bolígrafo y al sano ejercicio mental de cribar y personalizar la información.

Evidentemente, hay que proporcionar un material de apoyo digital y de aplicaciones digitales relacionadas, seleccionadas y útiles. Pero el núcleo importante es la construcción del conocimiento derivada de la transmisión sentida y emocional. Los argumentos para esta estrategia, la cual siempre dio buenos resultados —no olvidemos la ayuda inestimable de unos buenos apuntes—, son diversos. Disponer de unos apuntes de clase conlleva muchas ventajas para el alumno:

- *Plasma una repetición de lo escuchado* mientras escribe, y no una repetición banal, porque piensa de nuevo en lo transmitido y puede añadir información o anotaciones adicionales.
- *Enriquece su expresión escrita,* porque tiene que dotar a su redacción de la coherencia necesaria para poder utilizar los apuntes de forma efectiva.
- *Se dota de criterio y capacidad de selección,* porque un buen profesor comenta, profundiza y razona, y tener en cuenta la globalidad de lo transmitido requiere del alumno el entreno constante de la habilidad de discernir, valorar y separar.
- *Construye una estrategia propia,* un estilo personal, un protagonismo, ensayando día a día cambios para mejorar la utilidad de los apuntes.

Desde la tarea propia del docente, la utilización de la pizarra digital y del ordenador son también mediaciones tecnológicas. La frescura y la espontaneidad de nuestros gestos y palabras —ayudados simplemente de una tiza— significaba una carga expresiva que se ve disminuida por una serie de condiciones, instrucciones y pasos a contemplar. Nuestra compañía digital nos delimita en cierta forma.

El control del medio de enseñanza se torna un imperativo. Este imperativo afecta al profesor —parte de su tiempo y atención se desvía del contenido, de sus relaciones y de las estrategias más directamente humanas— porque debe ocuparse de domesticar el nuevo medio digital que se impone. Yo mismo experimenté esa sensación de una cierta pérdida de libertad y de posibilidad, de la intensidad del conocimiento directa y personalmente vivido y expresado, de la artesanía y de la agilidad del discurso. De alguna manera, la pantalla puede erigirse en una barrera para la conexión emocional, y este peligro hay que administrarlo con criterio y sentido común.

 La frescura y la espontaneidad de nuestros gestos y palabras —ayudados simplemente de una tiza— significa una carga expresiva.

El enlace físico y directo, el aura de experimentar nuestra propia obra, la forma de escribir, la creación y nuestras peculiaridades desaparecen en cierta forma. Es una cuestión de tiempo. El tiempo es el que es. Lo necesitamos para los trámites e instrucciones y para los protocolos de mediación, aspectos que son impersonales por su propia naturaleza y que ocupan un lugar importante entre nuestras tareas. Hasta cierto punto, representan un obstáculo entre lo que queremos comunicar, poniendo nuestro interés exclusivo en ello, y lo realmente comunicado. Sin embargo, como todo en la vida, la incorporación del ámbito digital a la educación tiene también algunas ventajas que se deben tener en cuenta.

Por lo tanto, no se trata de idolatrar las pantallas o repudiarlas. No se trata del todo o nada. La mediación digital es interesante por las posibilidades y prestaciones que nos ofrece, pero no representa una varita mágica. Es simplemente un medio que se debe utilizar cuando sea aconsejable para la comprensión, para la ampliación o para la consulta, pero no nos proporciona, por sí mismo, una transmisión significativa de conocimiento y de habilidades.

La civilización romana, el arte del Renacimiento o las tres leyes básicas de Newton se pueden mostrar y exponer con la ayuda de las pantallas, pero el aspecto que resultará decisivo será la pasión del profesor, su buena selección de contenidos y su conexión emocional con sus alumnos. Para recuperar una educación sólida necesitamos de la expresión viva, de la palabra adecuada, del énfasis, del comentario, de la interacción. Por otra parte, la base para una buena dinámica de aprendizaje requiere el respeto y la convivencia entre los alumnos y una autoridad coherente por nuestra parte.

Educar con sentido requiere de unas relaciones fluidas y respetuosas, donde nuestra asertividad y nuestra actitud de servicio como docentes juegan un papel crucial, y en este terreno lo único válido es transmitir directamente, sin mediaciones, la máxima coherencia y confianza en nuestra tarea diaria.

Recuperar la solidez educativa ya es una cuestión urgente. Se palpa un cierto desánimo y seguidismo, porque comprometerse en un impulso de los valores y actitudes plenamente humanistas es duro y complicado en una sociedad que antepone lo práctico a lo correcto, lo rentable a lo ético, la frase de impacto al argumento, la consigna al pensamiento. De ahí que la amenaza totalitaria desafíe a nuestras democracias; que alguien piense por nosotros; que nos brinden una supuesta seguridad a cambio de renunciar a la libertad; que la comodidad de la exaltación sustituya al pensamiento y al argumento, al consenso, y al trabajo que significa buscar entre todos, con la aportación de todos, las mejores soluciones y las más equilibradas para el conjunto.

El mensaje totalitario lo banaliza todo: no pienses, no opines, no analices. Un mensaje fácil para una realidad compleja, palabras absolutas dirigidas a ciudadanos frágiles.

> Comprometerse en un impulso de los valores y actitudes humanistas es duro y complicado en una sociedad que antepone lo práctico a lo correcto, lo rentable a lo ético, la frase de impacto al argumento, la consigna al pensamiento.

Los fundamentos, la solidez, constituyen el eje central de la educación. Educar-enseñar es enormemente complejo. Justamente por esta razón es primordial trazar unas directrices, un ofrecimiento de claridad, un poco de luz. Precisamos de la base más firme para que la escuela vuelva a asumir su rol principal. En este momento parece ensimismada y agobiada ante un ambiente que no ayuda. Conocemos los niveles de acoso escolar, una consecuencia evidente de la carencia de solidez, donde la escuela actúa más como cirujano que como médico de familia, debido a que se ha extendido esa falta de tacto y de sensibilidad a nivel social.

Este y otros retos tienen que afrontarse de cara. Estamos anclados en unos valores sociales de fondo que facilitan el "todo vale", apoyándose en la libertad individual sin límites, sin tener en cuenta que todos tenemos derecho a ella y, por tanto, las líneas rojas son necesarias: todos tenemos derecho a proteger nuestra libertad.

En la educación reside la gran responsabilidad de orientar a las jóvenes generaciones hacia la verdad, la belleza y la bondad. Ante la desorientación y la angustia que crean un estado de cosas en excepcionalidad permanente, las personas necesitarán de unos valores bien fundamentados, donde lo personal y lo colectivo puedan fundirse en consensos democráticos basados en la reciprocidad.

Sin esta *educación sólida* en valores, sin un buen nivel académico en conocimientos, sin una actuación en el aula basada en el argumento, la reflexión y la convivencia, o sin una mayor valoración de las enseñanzas humanísticas, vamos a continuar inexorablemente hacia la rendición de la mejor pedagogía. Para evitar esta deriva, la solidez y la creatividad deben guiar la tarea de escuelas e institutos.

Inteligencia humana inteligencia artificial

El problema central es irresoluble: la enumeración,
siquiera parcial, de un conjunto infinito.
En ese instante gigantesco, he visto millones
de actos deleitables o atroces;
ninguno me asombró como el hecho de que
todos ocuparan el mismo punto,
sin superposición y sin transparencia.

JORGE LUIS BORGES

Ha entrado en nuestras vidas la inteligencia artificial (IA), algo que ha aparecido como una esperanza y como un peligro, como ángel y demonio, como liberador y opresor. Podemos pensar que se trata de otro avance tecnológico-digital, pero el salto cualitativo es enorme. Es lógico que estemos en estado de prealerta, con temor, con dudas, con una cierta desconfianza. Esto es particularmente cierto en el contexto educativo. El desarrollo de la inteligencia humana (IH), al que servimos los profesores, se ve alterado o modificado por algo que compite con nosotros para fomentar este desarrollo.

Por lo tanto, surgen las cuestiones inevitables: ¿se nos puede sustituir parcial o totalmente por prestaciones de la IA? ¿Estamos llamados a ser simples gestores de aplicaciones y programas? ¿Se puede sustituir realmente el potencial sensible de nuestra inteligencia por un potencial predeterminado? ¿Qué consecuencias, respecto a la limitación de la libertad de pensamiento, acarrea esta posible sustitución?

Hablemos de la *inteligencia humana*. Para un profesor es sumamente complicado valorar la inteligencia de un alumno. Podemos intuir un nivel aproximado, pero no exacto. Además, puede salir a la luz o quedar escondida tras la apatía. Según el diccionario de la RAE, la *inteligencia* es la capacidad de entender o comprender, la capacidad de resolver problemas, conocimiento, comprensión, habilidad, destreza, experiencia, espiritualidad...[1] El término es genérico y se presta a muchas acepciones: conocer bien un asunto, actuar "con cabeza", pensar correctamente, ser hábil, entender, comprender, ser un experto en algo, etc. El concepto de inteligencia adopta muchos grados y matices, y se utiliza en muchos contextos.

En lo referente a la educación, los maestros y profesores afrontamos la diversidad del aula, tratamos con alumnos y alumnas con diferentes talentos que, a su vez, presentan diferentes motivaciones, circunstancias o conflictos.

Intentemos, pues, centrar ideas. Un esquema simple y efectivo respecto a nuestra inteligencia es considerarla como una simbiosis de dos tipos diferentes: la inteligencia generadora y la inteligencia ejecutiva.

---

[1] Como sinónimos o afines de *inteligencia,* la RAE adminte: entendimiento, intelecto, talento, raciocinio, mente, conocimiento, ingenio, pensamiento, razón, perspicacia, cabeza...

Simplificando mucho, la *inteligencia generadora* depende de mecanismos no conscientes: nuestro cerebro genera deseos, impulsos, ideas, soluciones a problemas... A esta inteligencia la podríamos denominar innata, porque todos y todas la poseemos en menor o mayor grado, aunque solamente conocemos sus resultados conscientes, pero no el modo en el que funciona o el porqué de su presencia con sensaciones o resultados diferentes. Es decir, de alguna manera, dependemos de mecanismos no conscientes, de ahí que algunos expertos se refieran a esta inteligencia como *inconsciente computacional*. Para que nuestra inteligencia humana se manifieste precisamos de estos mecanismos no conscientes, que actúan como un sustrato básico para ser inteligentes en su sentido más completo, con una orientación proactiva o ejecutiva de nuestro talento (Marina, 2010).

Cualquiera de nosotros ha comprobado esa sensación de experimentar deseos, ideas, sentimientos o impresiones, por ejemplo, cuando nos desplazamos hacia nuestro lugar de trabajo, al levantarnos, en forma de respuestas a estímulos, como una conversación agradable, un concierto de música, una noticia o la contemplación de un paisaje. Del mismo modo, grandes pensadores y científicos han podido generar una idea brillante, la solución a un problema o a una demostración que se resistía, simplemente paseando.

De una forma generadora, sin aparentemente pretenderlo, aparece la brillante luz de una respuesta o el interrogante mágico de una pregunta interesante. No podemos controlar nuestra inteligencia generadora, que funciona de forma súbita y anárquica, pero podemos dirigirla o transfigurarla, convirtiendo su potencial en inteligencia ejecutiva.

En nuestros alumnos y alumnas percibimos búsqueda, impulso, potencialidad, pero es importante que puedan canalizarlo. La capacidad de proponerse metas, de aplazar la gratificación y de decidir; es decir, la gestación de esa *inteligencia ejecutiva* se entrena y se aprende. Los niños y adolescentes necesitan ajustar su estado emocional a un nivel tal que les permita un autocontrol dirigido a fortalecer su voluntad y a entrenar cualidades y destrezas. Aparece la voluntad, la traducción práctica de la libertad que supone construir la autonomía personal con una base sólida. En este sentido, nuestra ayuda como profesores es esencial. El niño debe aprender a forjar su inteligencia ejecutiva mediante la inhibición del impulso, la deliberación, el criterio para decidir y la puesta en práctica de metas orientadas.

La inteligencia ejecutiva requiere esfuerzo, autodisciplina y, simultáneamente, flexibilidad. Recuerdo muchos casos en los que mis alumnos me demostraban la eficacia del esfuerzo y el entrenamiento. Concretamente, percibía que mejoraban su inteligencia ejecutiva.

 La inteligencia ejecutiva requiere esfuerzo, autodisciplina y, simultáneamente, flexibilidad.

Laura presenta muchas dificultades en Matemáticas y está convencida de que siempre las tendrá por el mero hecho de que siempre las ha tenido. Conversamos y admite que el miedo la paraliza y que no dedica el tiempo

necesario. Le comento que tiene que cambiar esta dinámica, que tiene que entrenar, preguntar y preguntarse, reconocer los conceptos y procedimientos clave que debe
mejorar. Voluntad, entreno y esfuerzo. También le advier-
to de que los efectos no se notan en días; el proceso
es paulatino, pero seguro. Por lo tanto, hay que aplazar
la gratificación: llegarán los buenos resultados. Y así fue,
llegaron.

Se puede comprobar que la inteligencia ejecutiva necesita de actitud y voluntad. En primer lugar, hay que fo-
calizarse en aquello que no hacemos y, en cambio, deberíamos hacer para que nuestro talento innato se convierta
en talento ejecutivo. Evidentemente, el conocimiento genera nuevo conocimiento, y situarse en esta línea requiere continuidad y esfuerzo. En aras de una supuesta nueva
pedagogía se ha reducido el nivel del reto y del entreno
necesario para asumirlo. No se puede seguir engañando
a los alumnos, a la escuela y a la sociedad. La experiencia,
lógica y tozuda, nos muestra la importancia del esfuerzo y
la autoexigencia.

Escuchemos a los alumnos con excelentes calificaciones en las pruebas de Selectividad; muchos de ellos confir-
man la sencillez del secreto: atención, constancia y trabajo
diario. Es decir, se trata de alumnos que han activado plenamente la inteligencia ejecutiva.

Los docentes afrontamos esta tarea de optimizar la
IH en cada clase, con cada grupo, con cada alumno o
alumna. La experiencia nos confirma que, para lograr la
consolidación del talento, las virtudes "clásicas" siguen
siendo la mejor herramienta para este fin. La habilidad
para resolver un problema de Matemáticas, comprender

y resumir correctamente una práctica de laboratorio o redactar un comentario de texto con sentido no sale gratis, no cae del cielo.

Hay que practicar, insistir, repetir, consultar, preguntar; en definitiva, hay que movilizarse. Para saber resolver derivadas e integrales con solvencia se tiene que activar plenamente la proactividad. Recuerdo aquellos alumnos que me presentaban muchos más ejercicios resueltos de los que yo proponía. Ponían en marcha su inteligencia ejecutiva, otorgando valor y resultados a su inteligencia generadora.

Así pues, generar el desarrollo de la inteligencia de nuestros alumnos y alumnas implica poner en marcha y "engrasar" la inteligencia ejecutiva. No es fácil, porque el proceso de pensar, atender y comprender conforma una especie de círculo complejo en el que es difícil adentrarse. A causa de esta dificultad, conviene partir de un enfoque inicial proactivo: tenemos que creer en las posibilidades de cada uno de nuestros alumnos.

En uno de mis libros anteriores, *La alegría de educar*, afirmaba que el profesor debería buscar cualidades más que defectos. En otras palabras, posibilitar la apertura de un horizonte de superación y minimizar el temor infundado al fracaso: "tenemos que aspirar a que enseñar consista en conducir a la mejora, desarrollar capacidades, investigar, innovar, gestionar emociones, comunicar" (Marrasé, 2023).

Para guiar a nuestros alumnos hacia los hábitos inherentes de la inteligencia ejecutiva, existen diferentes puntos de partida motivacionales.

En primer lugar, les podemos transmitir el principio sensible hacia el conocimiento, hacia la belleza que transpira una demostración o un texto literario; es decir, facilitar que intuyan la estética del saber y gocen con ella. En cierta manera, se trata de incorporar la visión estoica del conocimiento: asimilar plenamente el tema en estudio. Para los estoicos, el conocimiento consistía en apropiarse de su objeto, en virtud de huellas o impresiones que producen en nosotros.

Zenón lo expresaba de forma plástica: la mano semicerrada es el asentimiento; el puño apretado es la comprensión; por último, cuando la mano izquierda oprime fuertemente el puño cerrado, se tiene simbolizada la ciencia. Conocer sería, en definitiva, apropiarse de una cosa de una forma intensa, casi física (Marías, 1968).

Un segundo punto de partida motivacional es mostrar a nuestros alumnos, de manera indirecta pero evidente, que nosotros también nos adherimos a esta percepción profunda del conocimiento y a su impulso constante. Finalizamos un ejercicio que hemos comentado entre todos, con preguntas-respuestas durante su desarrollo y con unas conclusiones que han sacado a la superficie conceptos teóricos clave y varias relaciones entre ellos. Se ha conversado y se ha contrastado, se han sugerido otras alternativas en cuanto a procedimientos o la forma de aplicarlos. Hemos "exprimido" literalmente el ejercicio, y esto se nota en mis gestos y comentarios. De esta forma, conseguimos por contagio que los alumnos se adhieran plenamente a una satisfacción compartida, a una percepción sensible y profunda.

El desarrollo individual y colectivo de la inteligencia humana va unido a la educación. Sin embargo, ha aparecido un serio competidor, un nuevo actor en escena. La incorporación de la IA a nuestras vidas es relativamente reciente y está impregnando la realidad y condicionando nuestro futuro como seres humanos. La incidencia será enorme, y en educación esta irrupción constituye una cuestión sensiblemente compleja, de una importancia mayúscula.

El cruce entre tecnología y educación no es nuevo, aunque la IA comporta unos rasgos muy particulares. No podemos saber lo que opinaría el filósofo canadiense Marshall McLuhan, que en 1960 escribía:

> La cantidad de información comunicada por la prensa, las revistas, las películas, la televisión y la radio exceden en gran medida a la cantidad de información comunicada por la instrucción y los textos en la escuela (...) El punto en que se centra el interés de los estudiantes es el punto natural en que debe tener lugar la elucidación de otros problemas e intereses. La tarea educativa no es, exclusivamente, proporcionar instrumentos básicos de percepción, sino también desarrollar el razonamiento y la facultad de discriminación con la experiencia social normal. Muy pocos son los estudiantes que llegan a tener capacidad para analizar los periódicos. Menos todavía saben examinar inteligentemente una película. (Carpenter y McLuhan, 1968).

Esta música nos suena. En la actualidad, las formas de hacer de la escuela se cuestionan en función de la servidumbre digital. A pesar de los años transcurridos, las reflexiones que vertía McLuhan sobre el exceso de información y su influencia en el sistema educativo pueden trasladarse a nuestro presente.

Suponiendo que seguimos velando por la libertad y la responsabilidad personales, tenemos que cuidar de que el conocimiento sea autónomamente construido y de que las capacidades de razonar, argumentar y expresarse permanezcan como principio educativo básico.

Cuando McLuhan defiende que la tarea de las escuelas es desarrollar el razonamiento y la facultad de discriminar la información recibida con la experiencia social, está defendiendo que la escuela se siga orientando con la razón misma de educar; en caso de no hacerlo, aparecen las consecuencias en forma de serios déficits en competencias generales: análisis, argumentación, expresión, pensamiento, atención, etcétera.

El asunto central con el que la IA se confronta con la educación es la posible reducción de los conocimientos y competencias de los alumnos si aplicamos la tecnología digital de forma indiscriminada. Podemos pensar en muchas cuestiones al respecto:

- *Los programas educativos.* Confiar su redacción o remodelación a la IA parece, en principio, limitado, porque sería necesario verificar hasta qué punto los cambios aplicados tienen en cuenta aspectos más "finos" en los que el criterio sobre el terreno de un profesor comprometido es fundamental.
- *Los materiales de apoyo.* ¿Se pueden reducir a la IA o basarse en ella en buena parte? ¿Estamos seguros de que un buen libro de texto deje de ser fundamental? El libro de texto, por cierto, reivindicado de nuevo últimamente, requiere de una actividad paralela por parte del alumno, que ejercita la lectura y analiza su contenido.
- *La autonomía personal y la creatividad.* Nos tenemos que preguntar si el uso corriente de la IA fomenta la

autonomía del alumno y su capacidad crítica, lo cual implica desarrollar su propia creatividad e ir construyendo un criterio ético y un proyecto de vida. En cuanto a la calidad y la veracidad de la información, la IA puede representar un obstáculo que guíe el pensamiento en un sentido determinado, sin pasar por el filtro del análisis y del contraste.

- *La educación universal e inclusiva.* ¿Quién diseña los algoritmos? Al orientarse mediante instrucciones predeterminadas, la IA se ciñe a unos valores y a unos clichés sesgados que olvidan la adaptación y la flexibilidad necesarias para que la enseñanza sea universal e inclusiva.

- *La comunicación efectiva.* No es posible incentivar el talento si el alumno no se hace plenamente responsable de su propio aprendizaje. Para conseguir este objetivo hace falta el hilo directo y plenamente humano con el maestro, con su gesto, su énfasis, su capacidad de transmitir conocimiento de forma directa y efectiva, sin filtros ni mediaciones.

- *El límite comprensivo.* El uso indiscriminado de la IA puede facilitar el acceso a datos y fuentes de información, pero condiciona paralelamente la comprensión profunda y significativa de los conocimientos. Sucederá lo que ya ha sucedido con la calculadora: para obtener el resultado del producto 5,4 x 1000, muchos alumnos la utilizan. Evidentemente, al resultado 5400 se accede más rápidamente de forma mental y directa. Esta "sequía" del ejercicio mental se podría hacer general, y tendremos que asumir las consecuencias.

- *El criterio ético.* Al funcionar mediante algoritmos, el uso de la IA plantea serias dudas respecto a la valoración ética al ofrecer soluciones a los problemas. Los algoritmos pueden orientarse exclusivamente al beneficio económico, o adscribirse a tendencias totalitarias, o, sencillamente, para resumir y apartar cualquier consideración ética del diseño y desarrollo de la aplicación.

La IA está aquí para quedarse. Pero tenemos que andar con tiento y actuar con sentido común. El uso de las pantallas en general y de la IA en particular nos expone a riesgos cuya magnitud desconocemos. De entrada, estudios recientes demuestran la mejora de la sensación de bienestar y del estado de ánimo al reducir su uso. De hecho, el abuso del corpus digital nos lleva a una especial ansiedad, a la insensatez y a una sensación muy llamativa de soledad. Si normalizamos este abuso, estamos renunciando a un tiempo precioso que podríamos dedicar a la calidez de una mirada analógica, plenamente humana, en la que nosotros, sin mediación, somos los actores.

Se impone elaborar una ética, unas normas de conducta, para el ámbito digital. Como sugiere Sara Degli-Esposti, debemos limitar la exposición y mejorar nuestro conocimiento y control de la caja de Pandora que llevamos en la mano (Degli-Esposti, 2023).

El exceso tecnológico nos aleja de la comprensión. Prestar atención, involucrarse, saber distinguir y seleccionar, reciclar constantemente nuestro propio aprendizaje, ponerlo a prueba de manera constante, son cuestiones en peligro bajo un influjo excesivo de la IA.

Hay pilares fundamentales para la construcción del conocimiento del alumno que tendríamos que salvaguardar. En primer lugar, su nivel de atención en el aula, que codifica y otorga significado al contenido transmitido. También, debemos cuidar de su compromiso activo, de cultivar la curiosidad que incita al cerebro a evaluar nuevos planteamientos, de la capacidad de revisar a partir de los errores, además de consolidar lo aprendido de forma constante (Dehaene, 2019).

Retomamos las palabras de Borges: "El problema central es irresoluble". Lo inconmensurable de un supuesto conocimiento infinito no debe cegarnos. Cuesta creer que la inteligencia artificial pueda acabar absorbiendo nuestras potencialidades y características más humanas. La sonrisa, el tacto, la química del amor y la amistad, la sensibilidad y las pasiones, la sutileza, el matiz, la infinita perspectiva del conocimiento o el impulso artístico, entre otras muchas, representan el cúmulo complejo que nos acompaña.

La IA nace de supuestos que parten de lo humano. Es difícil pensar que lo creado devore al creador. Pero es cierto que nos condiciona, y que representa una potencial amenaza para nuestra privacidad, nuestros derechos —y deberes— y nuestras libertades, aunque el ser humano ya ha demostrado su capacidad autónoma para crear, pensar y analizar.

Educar significa comunicar, ayudar en todo lo posible a transmitir conocimiento sensible y significativo, trasladar sensaciones y estímulos intelectuales cuya base anímica perdure en el tiempo. El sello personal y particular, plenamente vivido, que comporta la tarea de la formación, implica conciencia y responsabilidad.

La IA viene a desvirtuar, si no nos hacemos conscientes de sus limitaciones y peligros, toda esa cadena profundamente humana que denominamos educación. Quizás pasemos a formar parte, si no reaccionamos, "de un sistema predictivo interconectado y afinado que se cierra dinámicamente sobre sí mismo".

Como consecuencia, la capacidad humana de educar y transmitir sentido, conceptos, relaciones y valoraciones podría parecerse a la de una máquina que aprende de sí misma e inventa reglas. Sin embargo, "las máquinas no tienen empatía ni sentido de la responsabilidad. Solo los humanos pueden rendir cuentas y solo los humanos tienen la libertad de asumir responsabilidades" (Nowotny, 2022).

Aunque no sabemos todavía de qué forma preservar la autonomía plenamente humana del pensamiento, parece evidente que tendremos que seguir tratando de hacerlo. Si pretendemos que en las aulas se siga potenciando el conocimiento, la competencia y el fondo ético, tendríamos que delimitar muy bien de qué forma se utiliza la IA en el aprendizaje. De lo contrario, la transmisión directa y efectiva que posibilita la presencia activa del profesor puede quedar reducida a mínimos preocupantes.

Ante el objetivo de comprender a fondo un concepto o un procedimiento matemático, el contexto histórico de la Revolución francesa, o el significado de la tabla periódica de los elementos, el profesor motivado y apasionado es absolutamente insustituible.

* * * * *

LEYENDO A: HELGA NOWOTNY
La fe en la inteligencia artificial

Un nivel de comprensión profunda, basado en la comunicación, las razones, los argumentos, el análisis de las causas, la reflexión sobre nuestras decisiones y sus consecuencias forman parte esencial de todo lo humano. Habrá que cuestionarse cómo encaja la irrupción de la IA con una educación con sentido que pretenda preservar esas esencias.

"La comprensión también incluye la expectativa de que podamos aprender cómo funcionan las cosas. Si un sistema de inteligencia artificial pretende resolver problemas, al menos tan bien como un humano, entonces no hay razón para no esperar y exigir transparencia y responsabilidad de él. En realidad, estamos muy lejos de recibir respuestas satisfactorias sobre cómo funcionan las representaciones internas de la IA en detalle, y todavía más lejos de resolver las preguntas sobre causa y efecto. Empezamos a darnos cuenta de que estamos a punto de perder algo vinculado a nuestra condición humana, por complicado que nos resulte saber de qué se trata.

Quizá ha llegado el momento de admitir que no tenemos el control de todo, de admitir con humildad que el frágil y arriesgado viaje de coevolución con las máquinas que hemos construido será más fecundo si renovamos los intentos de comprender nuestra humanidad y nuestra comunidad. De saber cómo podríamos vivir mejor juntos. Tenemos que continuar nuestra exploración para avanzar en la vida, mientras tratamos de mirar atrás hacia lo que hemos vivido, y unir ambas visiones. En tal caso, la predicción dejará de trazar únicamente las trayectorias hacia nuestro futuro, y se convertirá en una parte integral de la comprensión sobre cómo avanzar y vivir mejor. En lugar de predecir qué sucederá, nos ayudará a comprender por qué suceden las cosas. Después de todo, lo que nos hace humanos es nuestra capacidad única de hacernos la pregunta: ¿por qué suceden las cosas; por qué y cómo?".

El compromiso

> *Prometer es dar la palabra*
> *a través de la declaración*
> *de un compromiso y de un vínculo.*
> *La promesa no es discurso, es una acción.*
>
> Marina Garcés

El valor del *compromiso* reside en la acción. Maestras y maestros, profesoras y profesores prometen de forma implícita. Se trata de una promesa abierta a toda la sociedad y a todos los alumnos y alumnas a los que alumbra posibles en muchos sentidos. Es una palabra dada de forma invisible y sutil.

¿Cómo se cumple esta promesa? Con la acción y el compromiso, desde la humildad necesaria para mejorar y desde la autoestima que se precisa para abarcar con carácter y conciencia los retos que aparecen en las aulas cada día. Es este el compromiso genérico, rubricado en nuestra tarea, el que cumple con la promesa, siendo plenamente conscientes de las dificultades a superar.

Durante la primera hora de clase del curso explicamos promesas de forma indirecta. De hecho, son promesas con compromiso incluido.

Entro en esa primera hora y conozco a nuevos alumnos de primero de Bachillerato. "Bienvenidos al nuevo curso", les digo. Les saludo, intento guardar en la memoria, desde los primeros días, sus nombres y apellidos. Nos presentamos. Les animo, les comento que vamos a disfrutar —yo incluido— de las matemáticas. Seguidamente, les pregunto: "¿Quién lo ha pasado mal con esta materia? ¿Alguien se siente inseguro con ella?". Se levantan algunas manos. Sigo con mi discurso en positivo y les hablo también de su responsabilidad, del interés y de la actitud. Siempre les digo: "Voy a estar a vuestro lado y a vuestra disposición, pero sois vosotros los protagonistas. Vuestra responsabilidad es esencial; sin ella toda mi tarea se torna casi imposible".

Decía Walter Benjamin en uno de sus escritos que "andar con consejos nos parece pasado de moda" (Benjamin, 2018), y que esto se debe a nuestra falta de capacidad para la narrativa o, lo que es lo mismo, para comunicar experiencia. Pero resulta que ahí reside una buena parte de la autoridad reconocida —la *potestas*— del profesor. Un buen profesor narra historias, comunica experiencia, da consejo, orienta, y todo ello constituye, en sí mismo, la promesa de estar siempre presente procurando articular una narrativa sentida y consistente.

Tras la primera sesión del curso, hemos prometido. Aunque no lo hemos hecho formalmente, hemos adoptado un compromiso y hemos comenzado a forjar una sana complicidad con los alumnos. Los profesores prometen desde la narrativa, sabiendo que cada día, en cada clase, será sometida a prueba la continuidad de la promesa y su coherencia.

Los docentes siempre convivimos con la presión derivada del compromiso no firmado pero vigente, al igual que cada instituto en particular y que la escuela como institución. A nivel individual, todos los que hemos "pisado aula" sabemos —y notamos— que esta presión proviene de varios focos: los alumnos, las familias, los equipos directivos, el marco burocrático (programaciones, evaluaciones, documentación y un largo etcétera), el marco sociológico del entorno de la escuela, entre otros muchos. Hay que lidiar con todo ello, y es aconsejable hacerlo desde nuestra propia asertividad y desde nuestro propio estilo, pero teniendo muy en cuenta todos los factores que nos condicionan.

Pretendemos una educación sólida, pero para lograrla tenemos que convivir con estos focos de presión y salir ilesos de ellos. Conseguir "domar" y administrar esta presión significa, sin embargo, que no podemos ceder en determinadas cuestiones fundamentales, en aquellas que afectan a la solidez en general, es decir, a la pretensión de lograr un buen nivel académico y unas actitudes de avance positivas. Respecto al foco de los alumnos, presenta dos vectores: el del nivel de los contenidos y su comprensión, y el del respeto necesario para un ambiente idóneo en el aula.

Para comprometernos en la tarea de una educación sólida, tenemos que convivir con diferentes focos de presión y salir ilesos de ellos.

Respecto al nivel de contenidos, existen prejuicios que deberíamos cuestionar. Todas las personas necesitamos de retos y de metas que nos hagan ponernos a prueba, y esto es aplicable también al entorno educativo. Si desarrollamos una visión limitada de la materia, se puede instalar un clima de desánimo y apatía, porque no estamos ofreciendo la apertura mental y el desafío que convierten a unos contenidos en algo interesante.

Por lo tanto, es necesario orientarnos hacia un buen nivel académico, porque se trata de conseguir que cada alumno crea en sus posibilidades, pero también existe una óptica social y colectiva: contribuiremos a una sociedad mejor con una formación mejor —y mejor en todos los sentidos— en cuanto a la excelencia académica, en cuanto a responsabilidad social y en cuanto a unos principios éticos. Es decir, nos estaremos aproximando a una educación concebida de forma holística.

Para ofrecer un buen nivel académico y comunicar una sensación de avance tenemos que contemplar algunas premisas:

- Disponer de una buena guía fundamental —y fundamentada— de aquellos contenidos que vamos a impartir.
- Vestir a esta guía fundamental con buenos ejemplos, referencias, fuentes de información, derivaciones y posibilidades.
- Ir ajustando y diversificando las estrategias de exposición/presentación, orientadas a una comunicación efectiva con el grupo, de forma que se mantengan los niveles de atención y de comprensión, y que el alumno tenga la sensación de poder seguir asumiendo nuevos retos de forma paulatina.

- Observar constantemente la disposición del alumno y su percepción e interés para ajustar estrategias o modificar ritmos de aprendizaje. Este ajuste es sumamente importante. Al ir afinando estos aspectos conseguimos que la actividad diaria sea llevadera y motivadora, situándonos en el punto medio entre la apatía y la desesperación. El alumno debería disponer de retos y desafíos constantes y tener la sensación paralela de que es posible alcanzarlos. Para que el alumno experimente una eficacia cognitiva óptima, tenemos que alejarnos por igual de la ausencia de desafíos, y de plantearlos de forma que sean inalcanzables; es decir, acercarnos a un grado de tensión adecuado entre la apatía y la ansiedad (Goleman, 2006).

- Atender a la diversidad con naturalidad y respeto. Existen alumnos y alumnas con trastornos de aprendizaje (TDA, TDAH, dislexia, etc.) para los cuales existen protocolos elaborados. Hay que tenerlos muy en cuenta y aplicarlos bien, porque hacerlo cubre un doble flanco; por un lado, ayuda a estos alumnos a seguir aprendiendo y, por el otro, supone un mensaje ético para el grupo: todas las personas, más allá de sus circunstancias particulares, poseen su propia dignidad y son merecedoras de atención y respeto.

Para desarrollar nuestra tarea con fluidez, de forma natural, es preciso enfocar bien uno de los temas que siempre se somete a cuestionamiento y debate en la enseñanza: la autoridad. ¿De qué autoridad hablamos? ¿Constituye un fin en sí misma o es el reflejo de un respeto compartido y unas normas de convivencia transmitidas?

Entre *un laissez faire* sin fronteras y el "ordeno y mando" sin criterio existe una escala de muchos grados. Son imprescindibles los límites, pero también gestionar una faceta de confianza y ayuda. Este será siempre, como afirma Philippe Meirieu, uno de los misterios de nuestra profesión, porque existe un desnivel evidente entre el educador y el que es educado; no pueden estar en el mismo estadio. Pero se da la extraña paradoja que también observamos en nuestra vida cotidiana: no podemos ayudar a nadie a menos que seamos lo suficientemente distintos a esa persona para poder aportarle algo, pero, al mismo tiempo, tenemos que mostrarnos lo bastante parecidos para que la confianza facilite que se oiga nuestra voz (Meirieu, 2004).

 ¿De qué autoridad hablamos? Entre un *laissez faire* sin fronteras y el "ordeno y mando" sin criterio existe una escala de muchos grados. La clave está en lograr el punto óptimo.

Se está agudizando una separación entre lo que es la finalidad de la escuela y la tendencia actual a prolongar la adolescencia; una especie de huida de la responsabilidad, de aposentarse en un estadio feliz en el que todo lo que recuerda al esfuerzo, la superación o el civismo más elemental suena retrógrado. Hace años, Fellini ya lo describía así:

Yo me pregunto qué ha podido ocurrir en un momento determinado, qué especie de maleficio ha podido caer sobre nuestra generación para que, repentinamente, hayamos comenzado a mirar a los jóvenes como a los mensajeros de no sé qué verdad absoluta (...) Sólo un delirio colectivo puede habernos hecho considerar como maestros depositarios de todas las verdades a chicos de quince años. (Finkielkraut, 2000).

Lo que ya vio Fellini sigue ahí, fruto de la comodidad, de la consiguiente superficialidad, del hedonismo del consumo y de la ausencia de referencias éticas (Finkielkraut, 2000).

Los ecos del maleficio descrito por Fellini siguen con nosotros, agudizados por el poder de amplificación del ámbito digital. En la escuela resuenan constantemente estos ecos, en forma de resistencia a normas básicas, por muy lógicas y humanas que sean. La sensación del maestro o profesor que percibe una carencia de autoridad es de fracaso. Y por esta razón algunos docentes abandonan, o desarrollan cuadros de angustia, ansiedad o depresión, que van aguantando como pueden.

Lo cierto es que la dinámica social predominante no ayuda en este sentido. Si confundimos la libertad con el "todo vale" estamos facilitando de forma indirecta que este lema se traslade a las aulas. El miedo o la comodidad que nos impide ver con claridad los límites pasa factura. Y hay que añadir el conformismo del "esto es lo que hay", lo cual puede llevar a una educación de mínimos, porque el tiempo real de actividad no coincide con el asignado: repetir muchas veces el: "¡Callaos, por favor!" o el: "¡Callad de una vez!" sin ningún tipo de resultado es desesperante para muchos profesores. Se puede, a fuerza de mucha resiliencia —casi exagerada—, soportar estas situaciones, pero la carga de frustración que lastra al profesor es enorme.

Es preciso ser *proactivo*. El principio más sencillo, natural y útil para conseguir una autoridad efectiva proviene de nuestro buen criterio, de nuestro mensaje decidido y del dinamismo e intensidad con que vivamos la transmisión efectiva de valores, conocimientos y competencias que se espera de nosotros.

Según mi experiencia, la autoridad basada en una dinámica activa que transmite valores y actitudes, y en un compromiso, es la que funciona. Se trata, por tanto, de una autoridad trabajada desde una claridad de criterios y principios que resulte coherente por encima de todo. La autoridad por sí misma a base de "decretos" no funciona, como tampoco funciona la ausencia de referencias o de normas. Hay que marcar límites, porque se requieren en todo colectivo.

La autoridad —efectiva y asertiva—, que somos capaces de emitir, ofrece también su imagen reflejada en forma de generación de confianza y autoestima en nuestros alumnos. Aunque uno de los tics de un adolescente consiste en cuestionar toda autoridad, los alumnos están de acuerdo con ella si, paradójicamente, no se habla de la misma. Lo importante es ejercerla, pero de forma implícita y desde una doble dirección.

El alumno asimila y comprende que estamos a otro nivel, pero tiene que percibir simultáneamente que siempre cuenta con nosotros.

Es curioso, pero nuestra actitud de servicio, de utilidad, de ayuda —en definitiva, nuestro compromiso— es determinante para que se instaure el respeto mutuo; para que la convivencia, la atención y el progreso académico fluyan.

© narcea s. a. de ediciones

Los detalles son importantes. Entro en clase. Intuyo, observo, proceso la situación, capto unas ondas determinadas. Las miradas, las sonrisas, la tristeza o las pocas o muchas ganas de aprender se pueden traducir, según un invisible diccionario, en nuestra mente. Esta traducción condiciona nuestro inicio y nuestro desarrollo de la clase. Los alumnos perciben con bastante claridad que estamos reaccionando a esos estados de ánimo. Quizás tengamos que animar, o llamar la atención, o preguntar, o hablar con ellos, o intensificar el ritmo, o ampliar contenidos, o repasar, o esquematizar.

El conocimiento, la estrategia a seguir y la sensibilidad para captar el estado anímico del grupo, y de cada alumno en particular, determinan el curso de aquella hora que pasemos en el aula. Desde una guía y una base firmes, cada clase es, en cierta forma, un acto creativo. La profesión docente es una profesión de detalles y de servicio destinada a la ayuda y a la generación de ilusión y posibilidades. Cuando desplegamos esta filosofía de acción, sólida y basada en valores, la autoridad se hace evidente.

 La cultura del detalle es importante. Al entrar en el aula, observamos, somos sensibles a las sensaciones y, desde una base firme, convertimos esa sesión en un acto creativo.

La presión inherente a la profesión se hace mucho más soportable si esta autoridad dinámica se ha conseguido. Esto no significa la ausencia absoluta de conflictos; quien busque una pócima mágica para la "tranquilidad" absoluta se equivoca, porque nuestro *yo* y nuestra sociedad —por lo tanto, también nuestros alumnos— experimentan el conflicto. Lo meritorio es resolver estos conflictos o minimizarlos en el mayor número de casos posibles.

El profesor es mediador: contrasta, se informa, modula y actúa en consecuencia. Y, si la cualidad de observar se agudiza, es también previsor. Esa capacidad de observar e intuir nos va a librar, en muchos casos, de la aparición del problema.

Nuestra tarea, estando localmente muy determinada —la escuela, las aulas—, es de carácter general. Para conseguir y mantener esta autoridad es necesario contemplar muchos detalles. Nuestros alumnos captan la actitud que demostramos y la práctica y defensa de aquellos valores básicos en los que todos y todas deberíamos mirarnos.

Todo cuenta: nuestra forma de entrar en clase, los comentarios que vamos intercambiando, las miradas, la empatía, la decisión, la ayuda, la transmisión invisible de los valores de la honestidad y el esfuerzo. Y, por encima de todo, la coherencia con el invisible compromiso inherente a la profesión docente: queramos o no, somos referentes y, como en otros ámbitos de la vida, una de las principales razones del descrédito consiste en no actuar de acuerdo con nuestro discurso.

No podemos exigir calma y escucha si no las practicamos; no se puede insistir en la puntualidad si no somos nosotros los primeros en llevarla a cabo; es inútil reclamar que mejoren su expresión oral y su vocabulario si el nuestro no es exquisito.

En definitiva, el respeto y la convivencia son posibles desde valores compartidos y sentidos. Nuestra implicación y responsabilidad en todos estos aspectos es la pieza fundamental para que el grupo-clase se convierta en un club de aprendizaje efectivo, que transpire esfuerzo y superación.

Una de las causas por las que observamos comportamientos incívicos o indiferencia hacia los asuntos públicos, aquellos que nos conciernen a todos, es que personas mediáticas o personas con cargos institucionales demuestran carencia de responsabilidad y de ética. Resulta una excusa muy fácil para olvidarse de valores básicos. Sin coherencia se erosiona la autoridad y la credibilidad.

Más allá de la interacción directa en el aula existe otro foco de presión importante en las relaciones profesor/tutor/familias y en el marco de la necesaria cohesión entre el quehacer diario, la línea de la escuela y, por supuesto, del marco burocrático que define la administración educativa.

Respecto a las *familias*, se nos presentan perfiles muy diferentes. La diversidad, como en el caso de los alumnos, es manifiesta. Familias sobreprotectoras, poco implicadas o hipercríticas con cualquier decisión de la escuela; también, por otro lado, nos encontramos con familias colaborativas, que trabajan en equipo con tutores y profesores. El equilibrio y la sensibilidad son importantes. Ante cualquier diferencia de criterio, reclamación o conflicto conviene valorar todos los detalles y actuar en consecuencia.

El *principio pedagógico* también es aplicable en esta necesaria interrelación con las familias. Explicarse, razonar, escuchar y argumentar son verbos clave. En definitiva, se trata de aparcar nuestros egos y de ser asertivos.

Como ya hemos mencionado al principio del capítulo, la profesión docente es una profesión de servicio basada en el compromiso. Nos dedicamos a los demás. Se trata —debemos ser conscientes de ello— de una de las tareas más nobles a las que una persona se puede dedicar. Presenciamos y sentimos despedidas, los inicios y los fines de curso se suceden, todos en cierta forma parecidos, pero a la vez diferentes.

Tenemos que ser conscientes de que hemos participado en todas esas vidas y que hemos intentado crear mentes abiertas, personas cultas, personas éticas. El esfuerzo es continuado y enorme.

¿Sería ideal que a nivel laboral y social se tuviera más en cuenta ese esfuerzo? Por descontado que sí, porque el beneficio a largo plazo que proporcionamos a la comunidad es profundo y de un largo alcance. En un ambiente social donde lo inmediato, lo rápido y lo banal se apoderan del relato, es difícil valorar la tarea incansable y persistente de un profesor.

Paradójicamente, debido a esta divergencia profunda, es necesario recordar cada día que es en la escuela donde se entrenan los valores que, siendo invisibles, acaban siendo los más útiles.

La profesión docente es una profesión de servicio basada en el compromiso. Nuestra tarea es noble, incansable y persistente.

* * * * *

LEYENDO A: ZYGMUNT BAUMAN
Sobre la educación en un mundo líquido

La profesión docente requiere compromiso, pero mantenerlo vivo resulta difícil, porque el contexto social nos ha situado en un marco líquido en el que todo —incluido el trabajo y las relaciones humanas— se han tornado provisionales, lejos de tareas como la educativa que requieren una dedicación artesana. Por lo tanto, hoy más que nunca, necesitamos de profesores comprometidos.

"Pocos compromisos, de hecho, casi ninguno, perduran lo suficiente como para alcanzar un punto de no retorno, y es accidental que las decisiones, todas ellas estimadas para ser vinculantes tan sólo en el 'momento actual', permanezcan en vigor. Todo lo que brota o se hace, sea o no humano, es desechable y existe sólo hasta próximo aviso. Sobre los ciudadanos del mundo moderno líquido, y sobre todos sus trabajos y creaciones, hay un espectro que acecha: el espectro de lo superfluo (...) Compromisos que, en apariencia, son firmes, y acuerdos rubricados con solemnidad, pueden derrumbarse de la noche a la mañana. Casi todas las promesas parecen haber sido formuladas con la única finalidad de ser traicionadas y rotas. No parece haber una isla estable y segura contra estas mareas (...) En un mundo como este, estamos entonces obligados a asumir la vida pedazo a pedazo, tal como llega, esperando y sabiendo que cada fragmento será diferente de los que hubo antes, y que apelará a conocimientos y capacidades diversas".

El principio
artesano

¿Qué entendemos por trabajo de buena calidad?
Una respuesta se refiere a cómo debería hacerse algo;
otra a cómo funciona lo que se ha hecho.
Se trata de la diferencia entre perfección y funcionalidad.
En teoría no debería haber conflicto,
pero en el mundo real lo hay.

RICHARD SENNETT

Nuestro día a día como profesores está repleto de detalles. Estar atentos a ellos es vital para que la educación
constituya una secuencia sensible de buenas sensaciones
y de estímulos constantes. Los detalles vendrían a ser los
nudos que tejen la compleja red que conforma nuestra
interacción en el aula. Constituyen ese principio común a
cualquier trabajo bien hecho por el cual nos esforzamos en
el cuidado de todo, hasta de lo más mínimo o anecdótico,
dotando a la educación de algo fundamental: el mensaje.
Decir mucho sin decir explícitamente nada, con nuestra
acción diaria y nuestro compromiso.

Cuando un control o una prueba está bien redacta-
do, de forma diáfana; cuando, mientras repartes los enun-
ciados, les animas a pensar con tranquilidad y a leer con
sentido; cuando la redacción está bien articulada; cuando
ofreces un ejercicio especial, de ampliación, para invitar

a explorar otro terreno e inducir a la superación; cuando previamente a esta prueba les has ofrecido una batería de ejercicios con solucionario para que puedan ensayar; cuando paseas entre las mesas animando al que se paraliza; o cuando le comentas en voz baja a Laura que, aunque ya ha respondido a todas las cuestiones, es aconsejable repasar y comprobar.

En el momento en que todo eso sucede, el mensaje que se proporciona es claro: hay que prestar atención al detalle, cualquier aspecto es importante, incluso un gesto o un comentario en el momento oportuno.

El número de situaciones y estados de ánimo diversos con los que convivimos en nuestra profesión es enorme, y puede llegar a tensionarnos si no la ejercemos con naturalidad y energía. Todos nos enfrentamos a varias gestiones, relaciones, diálogos y percepciones cada día. Un aula, no lo olvidemos, es un mundo en miniatura. La homogeneidad como táctica es imposible. No solamente el aula es todo un mundo, sino que también un niño o un adolescente presenta cada día emociones diversas, perspectivas cambiantes y situaciones familiares particulares. Es todo un cosmos.

Si no somos sensibles al interaccionar con ellos, el profesor puede rozar la desesperación. Está claro que hay que marcar normas básicas y rigurosas de fondo, pero las formas en el trato han de ser sensibles, porque para que cada alumno experimente la sensación de pertenencia, de que es posible crecer y mejorar, necesita mediaciones específicas y/o decisiones particulares.

Desde la claridad de unos criterios diáfanos y fundamentados, la sensibilidad para comprender cada momento y cada conflicto es básica; es crucial una atención al detalle, al *principio artesano* de nuestra labor.

La exigencia que nos debemos otorgar como docentes es máxima, pero no puede surgir del estamento burocrático, ni de la presión con la que convivimos. Tiene que nacer de nosotros mismos. Por eso es tan crucial preocuparse —y, sobre todo, ocuparse— con plena naturalidad y conciencia de todas y cada una de nuestras interacciones y tareas.

En este caso, si lo vivimos como algo consustancial e implícito a nuestra profesión, las cuestiones que van surgiendo día a día se resuelven con fluidez. La valoración interna, sentida, de la trascendencia de nuestra profesión, es la que ejerce de motor invisible de nuestra predisposición para cuidar ese día a día, esos pasos que van trazando camino.

 Es crucial ocuparse con naturalidad y con plena conciencia de cada una de las situaciones que se nos presentan en el día a día.

Todo es importante. Cuidar el detalle es también saber modular, y tener la cintura suficiente para ejercer nuestra función primordial como mediadores. Los detalles que mostramos y expresamos tendrían que concordar con esta función y conferirnos nuestro *rol trascendental*, en el amplio sentido de ayudar al alumno a conocerse a sí mismo y aumentar su capacidad de modificar sus estrategias y circunstancias. También es importante nuestro *papel trascendente*, lo cual se refiere a que debemos ir sedimentando mensajes y sensaciones con nuestra tarea diaria.

La convicción con la que ejercitemos este doble papel es lo que convierte nuestro trabajo en un trabajo artesano y profundamente sensible respecto a las dudas vitales de nuestros alumnos (Guaita, en Nasarre (Ed.), 2022).

Por lo que parece, ya hace bastantes años que nuestra tarea educativa se orienta hacia los pequeños valores, hacia el mecanicismo de lo inmediato, del resultado, del cumplimiento de una serie de instrucciones, programas y guiones. Sin duda, esta visión práctica y útil confiere a nuestra labor una mirada pragmática, basada en el cuidado de lo que Natalia Ginzburg denominaba las *pequeñas virtudes*. Ginzburg defendía la necesidad de enseñar las grandes virtudes: coraje, generosidad, indiferencia hacia el dinero, franqueza, amor por la verdad, amor al prójimo, abnegación, y deseo de ser y de saber. Aunque el sistema educativo enseña el respeto a las pequeñas virtudes, tales como el ahorro, la prudencia, la astucia, la diplomacia o el deseo del éxito, "las pequeñas virtudes en sí mismas no tienen nada que ver con el cinismo, con el miedo a vivir, pero todas juntas, y sin las grandes, generan una atmósfera que lleva a esas consecuencias" (Ginzburg, 2002).

Lo que diferencia a la educación entendida como un oficio artesano es precisamente esta carga de profundidad que le otorgan las grandes virtudes. En la lista de Ginzburg cabrían más virtudes, como la capacidad de reflexionar, de contrastar, de analizar, de comprender, de escuchar, etc.; y toda esta enumeración de valores es la que hace de la enseñanza algo sólido, que va más allá de los programas y que permite asimilarlos con su significado más amplio.

Por cierto, paradójicamente, resulta difícil formar en las virtudes menores sin formar —medianamente, al menos— en esa profundidad que dibujan los valores superiores. Difícilmente seremos prudentes o adquiriremos la energía y la motivación necesarias para tener éxito si no incorporamos el coraje, la abnegación o el deseo constante de aprender, por citar algunas de estas virtudes.

Al final, todo importa cuando entramos en un aula. Nuestra forma de hablar y de enfatizar, de expresar o de conversar puede contribuir a una atmósfera ideal para el aprendizaje y la comprensión, o aportar poco en este sentido. El telón de fondo de la artesanía transmite a nuestros alumnos el trabajo constante hacia la mejora y la retroalimentación permanente del deseo de saber. Nuestras pausas de silencio y nuestras invitaciones al análisis pormenorizado de los contenidos y de sus canales de comprensión siempre son eficaces para ayudar a crear progresivamente el ambiente comunitario de aprendizaje en el que los alumnos —cada uno de ellos— dispongan del terreno abonado para desarrollar sus posibles.

Una sonrisa a tiempo, una reorientación de nuestra estrategia o un comentario oportuno pueden ser decisivos.

El trabajo bien hecho es crucial en todos los ámbitos, también en el educativo. Se trata de aplicar un fondo sensible y una orientación consciente del servicio básico que prestamos a nuestra sociedad. Este principio de sensibilidad afecta al desarrollo del programa, a las normas de convivencia, a la imprescindible dimensión ética, a la comunicación en el aula, a la definición de unos principios normativos claros y justos, donde todos nuestros alumnos se puedan reconocer. Y no se puede parcializar este principio sensible, porque afecta absolutamente a todo.

Hay que prestar atención a aquel semblante triste, al nivel de comprensión alcanzado, a aquellas actividades mejorables, a que el aula esté limpia y ordenada, a que nos expresemos correctamente y, por supuesto, al respeto como eje central de la convivencia. El cumplimiento de los programas resulta más fácil cuando somos sensibles al trabajo artesano.

En nuestra sociedad actual, las prisas, la constante evolución de las instrucciones y la obsesión por la eficacia a corto plazo, condicionan la consecución de tareas conscientes, las cuales tienden a la presencia del espíritu artesano. La presión es tal que la obsesión por lo inmediato nos puede barrar el camino de la excelencia.

Por otra parte, la sola atención a lo útil y funcional puede instaurar en nosotros la idea de que esto es suficiente y lógico, lo que demanda la sociedad actual, y, por lo tanto, es correcto.

En resumen, al final, la disyuntiva entre esta resignación y una educación sólida causa las tensiones que observamos en muchos docentes, porque la resolución de estas contradicciones es sumamente compleja en nuestra sociedad. En definitiva, como afirma el sociólogo Richard Sennett:

> Todos los seres humanos desean tener la satisfacción de hacer algo bien y todos desean creer en lo que hacen. Sin embargo, en el trabajo, en la educación y en la política el nuevo orden no satisface ni puede satisfacer ese deseo… El sistema educacional que arrastra a la gente al trabajo móvil favorece la facilidad a expensas de la profundización. (Sennett, 2006).

 La obsesión por la eficacia a corto plazo condiciona la consecución de las tareas conscientes inherentes a un espíritu artesano.

Cuando pretendemos *educar-enseñar* de forma consciente y competente, nos preguntamos siempre, aunque sea de manera implícita, cómo debería hacerse mejor lo que hacemos y cómo ha funcionado hasta ahora; es decir, nos preguntamos también por los resultados. Entre estas dos cuestiones siempre surgen dilemas y dudas, porque entran en conflicto.

No basta con los resultados de evaluación, porque tenemos que preguntarnos si reflejan un buen nivel de conocimientos y competencias. No basta tampoco con un óptimo nivel impartido, porque el mal cálculo de expectativas o unas estrategias equivocadas nos pueden conducir a malos resultados. La tensión que representa el objetivo de ejercer la tarea docente de forma competente, observando el principio artesano, está, por consiguiente, conviviendo con nosotros permanentemente.

Para afrontar esta tensión podemos tener presentes algunas *estrategias*. Una de ellas sería contemplar la posibilidad de plantearnos nuevos formatos de trabajo en el sentido de *perfeccionar las vías* que ofrecemos para la máxima comprensión del programa. Es esta una tarea de fondo que ayuda a observar constante y proactivamente cómo planteamos y transmitimos de manera significativa los contenidos. La segunda estrategia consiste en *ser pacientes*, en perseverar en una concentración sostenida en nuestro trabajo.

Nuestra competencia no puede demostrarse en un día particularmente brillante, requiere de continuidad, y tenemos que ser conscientes de ello. También es necesario no renunciar a una *visión amplia*, que abarque todo el abanico, desde las pequeñas observaciones a las grandes cuestiones o dificultades.

Mirar hacia dentro mirar hacia fuera

*Las personas autorrealizadas no permiten
normalmente que lo convencional les ponga trabas
o les inhiba de hacer lo que ellos consideren
muy importante o fundamental.*

ABRAHAM H. MASLOW

Supongamos que obramos según el principio artesano cuando entramos día a día en las aulas. Si desarrollamos ciertas habilidades y fortalecemos nuestra voluntad, podemos, con esfuerzo, paliar o minimizar la difícil convivencia entre rigor y funcionalidad, aunque nuestra sociedad en general —no solamente el sector educativo— no favorezca dicha convivencia.

Se trata de una cuestión de *profundidad*. Tendríamos que asumir un consenso social general respecto a los fines y a los fundamentos de una educación de calidad. Los educadores necesitan guías claras y unas bases sólidas. Si estas carencias no se resuelven, cada maestro, cada profesora, se enfrentará a una doble mirada: pensar o funcionar, vivir con la profesión o sobrevivir a ella.

Esta *doble mirada* consiste básicamente en la disyuntiva permanente entre lo que el profesor siente interiormente respecto a la profesión y todo lo que la condiciona y determina.

Por esta razón, se ve abocado a finalidades paralelas: conservar el vigor interior y el ímpetu necesarios para transmitir con solvencia conocimientos y competencias desde una visión humanista y ética, y/o centrarse más en los aspectos plenamente burocráticos y prácticos inherentes a su oficio.

Esta disyuntiva se presenta cada día y pone en peligro ese vigor que se precisa para hacer de la profesión algo vivo y abierto a la mejora continua y a nuestra propia satisfacción como educadores.

Mirar hacia dentro, mirar hacia fuera. Una doble percepción, una doble sensación, una doble perspectiva de la función docente. Si pensamos en el sentido de nuestra tarea, necesitamos de una voluntad férrea y de un ánimo a prueba de todo tipo de dificultad o resistencia. No podemos prescindir de nuestra mirada interna, porque identificarnos íntimamente con el sentido de lo que hacemos es absolutamente necesario para que nuestra resiliencia persista. Existe un componente vocacional y personal basado en un compromiso ético, y por esta razón muchos profesores se muestran preocupados por la deriva de la enseñanza desde hace años.

Cuando un docente *mira hacia dentro* quiere reconocerse en lo que hace, en el trabajo bien hecho, y, por ello, observa con inquietud el olvido del esfuerzo, de pautas claras o de la memoria, que son estigmatizadas en aras de la funcionalidad. Percibe que las evidencias son tozudamente contrarias a las declaraciones, ingenuas o triunfalistas, que emanan del aparato mediático que rodea a la educación y la condiciona.

 No podemos prescindir de nuestra mirada interna, porque identificarnos con el sentido de lo que hacemos es absolutamente necesario para que nuestra resiliencia persista.

Esta perspectiva interna que nace de la observación de los logros del aprendizaje se combina con la dimensión social de estos logros —o de su disminución progresiva— causando una acumulación de desánimo que mina y contamina la actividad diaria. Esta tensión entre las dos miradas va calando en el día a día, y el profesor, consciente de la dimensión social y ética de su labor, nota como la indefinición y la incertidumbre se van extendiendo.

Por otro lado, *mirando hacia fuera* se percibe, en general, una merma preocupante del nivel cultural. Los intentos sucesivos de minusvalorar las disciplinas humanísticas se basan en la mera funcionalidad. El profesor del ámbito científico percibe cada día la dificultad de comprensión de un enunciado, del planteamiento de un problema o de la escasez del vocabulario adecuado. Lo meramente funcional, relacionado con la tecnología, se ve desprovisto del soporte necesario de la profundidad, del pensamiento y de la dimensión ética.

Estas disfunciones son las que plantean con inquietud, desde hace tiempo, algunos colectivos de profesores de Bachillerato. Se dan cuenta de la trampa que supone, respecto a la adquisición de conocimiento significativo, la dedicación casi exclusiva a orientar y preparar las pruebas de Selectividad; de mirar, únicamente, hacia fuera, hacia el resultado. Al orientar las sesiones a este fin, se dejan por el camino muchísimas cosas.

El precio que se debe pagar por el "triunfo" de las instituciones educativas al presentar un altísimo porcentaje de aprobados en estas pruebas, amaga un coste de ignorancia y de falta de preparación. La razón la describen los propios profesores: "Nos concentramos en orientar el *éxito* en las pruebas, porque los estereotipos y los modelos previsibles en buena medida lo garantizan".

En toda esta obsesión por conseguir resultados presentables —mediática y políticamente— se encuentra la trampa: sacrificar un buen nivel académico.

Los testigos y sufridores de esta trampa son los docentes universitarios, que conviven con los déficits expresivos y de conocimientos básicos de muchos estudiantes, la demostración palpable de que algo se está haciendo mal en las etapas precedentes. Lo preocupante de esta mirada hacia fuera —hacia la funcionalidad del resultado— es que se pueda enquistar como tendencia. Si la presión sobre el resultado de la evaluación predomina sobre toda otra consideración, estamos perdidos.

Al sistema, condicionado por lo práctico y lo cómodo, le falta solidez, porque no contempla la mirada interna, no tiene en cuenta una mirada crítica sobre cuál es la preparación real con la que un alumno o alumna debe superar su etapa.

Desde fuera el profesorado no recibe precisamente señales positivas. Se decretan cambios por ley y no se hace pedagogía de ellos, no se explican los cambios ni sus razones. La ausencia de una narrativa pedagógica compartida y coherente ya nos parece normal.

El docente se encuentra con idas y venidas en programas, en tendencias, en el sistema de calificaciones, actas o documentación diversa. La estabilidad brilla por su ausencia. Lo nuevo forzosamente es mejor, aunque a veces no resista ni el criterio del sentido común. No sé si desde la administración se piensa suficientemente en la importancia que tiene la educación para el futuro del país.

Es evidente que existe una desconexión profunda entre los problemas de fondo y las medidas puramente cosméticas que se aplican.

El profesor tiene que estar bien informado de los cambios, sin comprender el sentido, sin ver la conveniencia. Mirar hacia fuera puede llevar al desánimo; por esta razón es tan importante reforzar nuestra mirada interna y concentrarnos en el compromiso diario. Muchos profesores me comentaban que no comprendían ni compartían ciertas novedades en cuanto a cambios en los programas, por ejemplo, a la asignación horas/materia, o a cualquier otro aspecto.

Siempre les respondía lo mismo: "Pensad exclusivamente en vuestra tarea diaria, en vuestra mirada interna; pensad en una buena dinámica en el aula, en la calidad de vuestra clase y en la intensidad del aprendizaje". Es la única vía para escapar de la sensación de incomunicación y abandono que tienen muchos profesores y equipos directivos.

 Los maestros y profesores perciben falta de sentido en los cambios continuos de normas o programas. Es preciso centrarse en nuestra mirada interna, en la intensidad del aprendizaje.

Otra consecuencia de la incidencia de la mirada externa sobre la educación reside en concebir la enseñanza como un "parque de atracciones", en palabras de Gregorio Luri. Hay otras expresiones análogas conocidas por todos: aparcamiento de niños, guarderías para adolescentes, entre otras muchas. Triste y revelador a la vez.

Lo que intentan expresar estos adjetivos, con sorna incluida, es la concepción limitada y conformista de una escuela que está renunciando a su sentido. Para aprender de forma amplia y profunda se requiere forzosamente de muchos valores o virtudes que han funcionado siempre bien, pero que "quedan mal" o "no se llevan". Hablamos de la constancia, de la atención, del esfuerzo, de la voluntad o de la resiliencia.

Se piensa que la escuela ha de ser prioritariamente divertida y entretenida, y se cae en la disminución del nivel académico y en la carencia de una formación en valores, sólidos y de amplio espectro, lo que constituye un engaño mayúsculo hacia los alumnos, la familia y la sociedad.

Los equipos docentes procuran observar, pues, un difícil balance para conseguir un manual de supervivencia. No pueden prescindir de la necesidad de seguridad del alumno en cuanto a las calificaciones y, a la vez, intentan —a contracorriente— seguir luchando por una enseñanza consistente, que aporte realmente una buena preparación.

Muchos profesores tienen la sensación de una cierta soledad, de falta de apoyo y de reconocimiento. Ciertamente, la noción del prestigio social de la profesión se está devaluando. Se extiende la idea de que los profesores y maestros entretienen, administran las sesiones, plantean múltiples experiencias, aguantan impertinencias; sin embargo, en paralelo, también se extiende esa sensación de falta de nivel y preparación.

Existe, por tanto, una lucha titánica entre el mandato burocrático y lo que intuimos y sabemos que es más conveniente para el alumno; entre el abuso de lo digital y el conocimiento significativo; entre la comodidad y la implicación. El profesor percibe la presión de unas condiciones ambientales basadas en un abandono de criterios claros, que provoca, dados los resultados, una sensación de fracaso del sistema educativo y del propio docente. Más que nunca, precisamos de una solidez.

Por ahora, mientras esperamos a que la administración educativa y la política recuperen el sentido común, la esperanza está depositada en la acción decidida de profesores autorrealizados en el sentido que señalaba Maslow: "personas que no permiten la mediocridad de lo convencional y que se centran en lo realmente importante".

* * * * *

LEYENDO A: ALASDAIR MACINTYRE
Tras la virtud

De alguna manera, la pretensión de un profesor es la que comparten todas las personas que pretenden alcanzar una ética coherente en el tiempo y otorgar un sentido a su actividad diaria, procurando acercarse a una unidad coherente entre las miradas interior y exterior. En un libro muy revelador, Alasdair MacIntyre lo expresa de esta manera:

> *"¿En qué consiste la unidad de una vida individual? La respuesta se trata de que es la unidad de la narración encarnada por una vida única. Preguntar ¿qué es bueno para mí? es preguntar cómo podría yo vivir mejor esa unidad y llevarla a su plenitud. Preguntar ¿qué es bueno para el hombre? es preguntar por lo que deban tener en común todas las respuestas a la primera pregunta. Pero es importante recalcar que el plantear de modo sistemático estas dos preguntas y el intento de res-*

ponder a ellas son, tanto en los hechos como en las palabras, lo que proporciona su unidad a la vida moral. La unidad de la vida humana es la unidad de un relato de búsqueda (...)

La historia de mi vida está siempre embebida en la de aquellas comunidades de las que derivo mi identidad. He nacido con un pasado, e intentar desgajarme de ese pasado a la manera individualista es deformar mis relaciones presentes. La posesión de una identidad histórica y la posesión de una identidad social coinciden. Tengamos presente que la rebelión contra mi identidad es siempre un modo posible de expresarla (...) Lo que sea una práctica en cualquier momento dado depende de la manera de entenderla que nos ha sido transmitida, con frecuencia, a través de muchas generaciones. Y, así, mientras las virtudes mantengan las relaciones exigidas por las prácticas, habrán de mantener relaciones con el pasado —y con el futuro— tanto como con el presente".

Cuidarse para poder cuidar

La pregunta fundamental que tendríamos que hacernos —a nosotros mismos y a los demás— sería: ¿qué me importa de verdad?, y es el camino para la pregunta por el sentido de la vida.
¿Qué necesito para ser feliz?
¿Qué voy a necesitar siempre?
¿Qué me impide la felicidad?
JULIÁN MARÍAS

No estamos en condiciones de cuidar si no nos cuidamos. El cuidador, si quiere realmente disponer de esta disposición para acompañar y ayudar, primero debe cuidarse a sí mismo. Esta reflexión, tan cierta y conocida, es válida en general. El operario que instala un cuadro eléctrico debe concentrarse en su tarea si quiere culminarla de forma correcta y exenta de peligros. En las profesiones cuya finalidad es ayudar a las personas —medicina, educación, trabajo social, entre otras— cuidarse es particularmente esencial.

Para entrar en el aula con la concentración y energía necesarias los profesores deben cuidarse. El alumno percibe con claridad si estamos plenamente en la clase. Y es evidente que difícilmente podemos atender a la cultura del detalle que requiere un trabajo realmente artesano si no nos ocupamos de mantenernos en forma.

En una primera clase de Bachillerato, a las ocho de la mañana, observo a algunos alumnos medio dormidos, como cansados de entrada. Les pregunto las razones; algunos duermen poco porque preparan una prueba la noche anterior, o bien porque están conectados con el móvil o con el ordenador durante horas. Hablamos y les digo: "Pensad que nuestro organismo está preparado para descansar por la noche y activarse durante el día; si no tenemos esto en cuenta surgen problemas. Tenéis que llegar a la escuela con la mente fresca y dispuesta. No podemos afrontar ejercicios de optimización de funciones si el cerebro está aletargado. Por otra parte, además, os generáis frustración, porque notáis que os cuesta razonar en condiciones. Por lo tanto, lo pasáis mal. Poder pensar con criterio requiere que os cuidéis y que nos cuidemos".

Para mantener la mente en forma es preciso acompañarla, y esto repercute en todos: alumnado y profesorado. Para ayudar a nuestro cerebro podemos actuar en muchos aspectos. El sueño incide de forma importante en la atención y en la memoria. La capacidad comunicativa que requiere el aprendizaje (hablar, escuchar, leer o escribir) son tareas habituales que precisan de un horario adecuado de sueño, al igual que la creatividad necesaria para dar con una solución alternativa a un problema, o las ideas que se necesitan articular para un comentario de texto con sentido.

La importancia del sueño se basa en la evidencia experimental del comportamiento del cerebro y todo el sistema nervioso. Como afirma Jesús C. Guillén:

> El sueño constituye un acto imprescindible para la buena salud cerebral, porque actúa como una especie de regenerador neuronal (…) Al dormir se acelera la síntesis proteica con el

consecuente fortalecimiento de las conexiones neuronales y, en determinadas regiones cerebrales, se repite la actividad realizada durante la vigilia, lo que nos permite consolidar la memoria y, con ello, el aprendizaje. (Guillén, 2015).

Los maestros y maestras, profesoras y profesores, tenemos que cuidarnos. En el fondo, además de actuar en beneficio de nuestra propia salud, nuestro propio cuidado repercute directamente en el nivel comunicativo en clase, y en nuestra atención proactiva ante cualquier detalle, actitud o conflicto. La autenticidad y la naturalidad con la que dinamizamos el aula y transmitimos conocimientos solo es posible si nos mantenemos activos, cuidando nuestro sueño, nuestra alimentación y nuestra mente.

De hecho, esto forma parte de un todo, de ocuparnos de manera holística de nosotros mismos, entendiendo que cuidarnos incide de manera directa en una positiva actitud de cuidar, de mimar y de estimar nuestra labor docente.

Cuidarnos para cuidar. La energía y la proactividad que podamos transmitir en el aula depende directamente de nuestro autocuidado.

Nuestro compromiso como profesores nos lleva de forma natural a cuidarnos. La capacidad y la eficacia de la transmisión del conocimiento son cuestiones que directamente dependen de nuestro bienestar fisiológico y mental, que, a su vez, como sabemos, están relacionados.

Al terminar una clase percibimos perfectamente nuestro estado de ánimo, pensamos en aquello positivo o negativo, y sabemos por experiencia que el nivel de autenticidad y sentimiento que hayamos aportado tiene relación directa con nuestra valoración de la sesión que hemos impartido. No se trata solamente del mero conocimiento transmitido, sino de ser capaces de movilizar la atención activa de nuestros alumnos. Salimos satisfechos de una clase, fortalecidos en nuestra resiliencia si hemos conseguido, más allá de lo enseñado, aumentar el interés y la curiosidad por nuestra materia. Sabemos, además, que bajo esa predisposición hacia los contenidos se encuentra latente la activación del deseo general de saber. Esas sensaciones positivas que permiten fortalecer nuestro compromiso forman parte de nuestro buen estado de forma físico y mental, y nos ayuda a seguir cuidándonos.

Así pues, el resultado de nuestro bienestar emocional al salir del aula retroalimenta nuestro buen estado de forma para afrontar las próximas clases o el próximo tema. Para entrar en esta dinámica positiva es importante que demostremos un cierto estilo, unos valores, actitudes y detalles que consiguen poner en valor nuestra tarea. En un claustro de profesores hay estilos diversos. La condición de partida es nuestro nivel de energía y de autenticidad, pero cada profesor puede detectar aquello que conduce a un aprendizaje significativo de sus alumnos. Observamos métodos diferentes, detalles distintos con óptimos resultados.

En nuestro cuidarnos y cuidar, también se contempla el sentirnos bien al ejercitar nuestra labor. No existe un manual exacto ni una sola forma de impartir una clase. Por lo tanto, tenemos que cuidar también nuestra atención permanente para detectar aquello que "nos funciona" y crear un cierto estilo personal.

La profesión docente implica una multiplicidad de relaciones (familias, alumnos, equipos docentes) que hace necesaria una resiliencia permanente por nuestra parte. Algo fundamental a la hora de cuidarnos reside en ser conscientes de esta ramificación de relaciones y de una interpretación sensible de nuestra tarea.

No somos dioses, no somos infalibles, no somos los únicos que reclamamos atención. Delimitemos bien nuestro abanico de cualidades y posibilidades en función de la complejidad de situaciones que se viven en el ámbito de la escuela. Si no nos situamos y nos afirmamos en nuestro papel y con plena conciencia, pueden aparecer el desánimo, la apatía y la extraña y triste sensación de que nuestra labor carece de sentido y reconocimiento.

Desde hace años se vienen dando estas sensaciones, de acuerdo con diferentes datos de fácil consulta. A nivel global, se constata un déficit de más de 40 millones de profesores en todo el mundo. En el marco de la Unión Europea, 24 Estados miembros se enfrentan a la escasez de profesores, y cada vez resulta más problemático cubrir las plazas docentes con la titulación idónea.

Del mismo modo, se observan datos inquietantes respecto a la intención de abandonar la profesión o el número de bajas temporales. Se trata de una realidad que es preciso corregir, porque está en juego el futuro.

Por otra parte, aquellos profesores y profesoras que conciben su labor de forma plena pueden verse condicionados. Saber cuidarse implica también la capacidad de aislarse de este contexto un tanto tóxico, porque es precisamente el compromiso con la intensidad de nuestra labor el factor que determina que, contra viento y marea, continuemos esperanzados y con la voluntad de seguir colaborando en una educación sólida y con sentido. Nadie duda de que existe un problema estructural que urge solucionar desde la administración.

También se da una falta de apoyo y consideración hacia la labor docente y, en general, hacia las profesiones que implican entrega y generosidad, como consecuencia de un sistema de valores que no contempla, o que minusvalora, todo lo que representen tareas de ámbito comunitario que ofrecen un servicio a las personas y a la sociedad en general.

Sin embargo, no podemos caer en esa trampa. Para cuidarse y persistir en el compromiso, un docente, aún con contextos un tanto pesimistas, tiene que reafirmarse en la convicción íntima y firme de que su tarea es necesaria e imprescindible.

© narcea s. a. de ediciones

El imprescindible optimismo

> *El trabajo que vale la pena puede efectuarse*
> *por los que no se engañan a sí mismos en cuanto*
> *a la importancia o a la facilidad*
> *con que pueden realizarlo.*
>
> BERTRAND RUSSELL

El filósofo inglés nos advierte contra el autoengaño, advertencia particularmente presente y significativa en la profesión docente. Es fácil, dadas las dificultades y conflictos que se van presentando a lo largo de un curso, caer en el desánimo o en la monotonía. La tarea docente consiste básicamente en comunicar, en transmitir conceptos, método y esperanza, pero en el camino nos topamos con dificultades.

También, visto desde otro prisma, nos asegura emociones y puesta a punto constante de nuestra atención, porque, aunque muchos días son más o menos "previsibles", en otros puede saltar el problema, el conflicto o la sorpresa.

Por tanto, resulta imprescindible un cierto optimismo. Deberíamos recordar siempre, como afirmaba Epicteto, que "lo que importa no es lo que sucede, sino cómo reaccionamos ante ello".

No podemos afrontar la docencia con un optimismo exagerado e ingenuo, porque la realidad se impone, y esa visión de que todo irá bien de forma natural siempre conduce a la frustración. Otra postura, mucho más cercana al sentido común, es pensar que haré todo lo posible para que todo vaya bien y que dispongo de estrategias para gestionar el conflicto. En contraposición a esto, el extremo opuesto es pensar que todo está mal, pensar que, dada la situación, poco o nada puedo cambiar. Este pensamiento nos lleva a que todo vaya peor, porque dejamos de actuar para mejorar la realidad.

Así pues, al entrar en el aula cada día necesitamos energía, convicción y equilibrio emocional. Necesitamos de la *resiliencia*, esa cualidad que nos hace persistir en nuestra tarea de forma constante y proactiva.

No podemos ser deterministas en educación, pero sí que podemos actuar con resiliencia, con una mirada diferente, invitándonos a ver lo positivo de nuestros alumnos, a observar cualquier detalle, a incorporar formas de actuar que contagien ganas de hacer, de construirse, de saber, de sentir.

La resiliencia, tal como yo mismo la he experimentado, es una predisposición que deberíamos analizar en determinadas situaciones y llevarla a cabo en un sentido de avance, en la dirección de propagar un ambiente ideal para el aprendizaje. En este sentido, recuerdo muchos casos que demuestran que esta predisposición hacia lo positivo funciona.

Hace algunos años que repetir curso parece un tabú, supongo que debido a esta manía postmoderna de explotar desmesuradamente el tiempo. Durante mi último curso en activo hablé con una exalumna que había finalizado sus estudios universitarios y había repetido el segundo curso de Secundaria en nuestro centro. Me recordó que al comunicarle aquella repetición le hablé sobre la superación, sobre la determinación, sobre la constancia, sobre el esfuerzo y el ánimo. A partir del siguiente curso todo fue sobre ruedas y me comentó que ante cualquier momento de desánimo se acordaba de aquellos consejos y que recordarlos le ayudaba a seguir adelante.

En el día a día educativo hay poco tiempo de hablar. Parece que no haya momentos para ello, que ya tengamos bastante en cumplir con las innumerables instrucciones. Sin embargo, comunicarnos entre nosotros es —como todos sabemos— un alimento para el espíritu. Desde la óptica de la resiliencia, unas palabras adecuadas pueden cambiar las cosas.

También utilicé este recurso —la charla y el consejo— en el caso de un alumno inmerso en conflictos con compañeros que él mismo provocaba. Evidentemente, hubo sanciones, hoy también un tema casi tabú, pero, a base de muchas conversaciones cargadas de reflexión y con la ayuda de la complicidad de la familia, desapareció por completo el conflicto.

 Comunicarnos entre nosotros es un alimento para el espíritu: unas palabras adecuadas pueden cambiar las cosas.

De todas formas, como todos sabemos, puede haber algún caso que se resista y que, por la multitud de circunstancias que rodean al alumno, no acaban con la solución ideal. Si esto sucede, no cabe desesperarse ni frustrarse, en todo caso, eso sí, preguntarse por aquello que podríamos haber hecho mejor. Sin embargo, son muchos los casos, según mi propia experiencia, que pueden terminar en una solución correcta cuando aplicamos recursos tan sencillos como la reflexión y el consejo, hoy también denostados.

Por todo ello, la *resiliencia* es el término clave, ya que nos conduce a una buena resolución de conflictos y a un buen ambiente de aprendizaje, factores clave para que la figura del profesor recupere el prestigio, para que a su tarea diaria le acompañe la autoestima necesaria, y para que el crecimiento personal y académico del alumno sea posible. Esa resiliencia posibilita el optimismo, porque permite que la visión positiva y esperanzada de nuestra tarea se construya de forma continua.

La resiliencia presupone una postura determinada respecto a nuestra actividad, en base a tres ideas que debemos tener en cuenta.

En primer lugar, tenemos que ver el futuro como una conquista, no como algo predeterminado o gratuito. El concepto de *construcción constante* es extremadamente útil en educación, siempre que vaya acompañado de unos criterios claros. También, debemos pensar que tenemos la capacidad de cambiar, de mejorar, y que nosotros podemos intervenir en estas mejoras que puedan experimentar nuestros alumnos. Y, por último, demostrar una sensibilidad apreciativa, es decir, que perciba cualidades y posibles, y los haga aflorar (Forés y Grané, 2012).

La profesión docente se ancla en la esperanza; se fundamenta en el deseo de formar buenos ciudadanos, de que la sociedad futura sea más libre y justa, de que la cultura sea reivindicada. Esta lista de deseos confluye en el criterio de *moral práctica* que ya estableció Kant y que, en definitiva, nos ayuda a entrar en el aula con esperanza general, es decir, con aquella que, según Luis Rojas Marcos (2005), "abarca las expectativas globales que albergamos del futuro, las cuales están basadas en creencias o valores que tenemos sobre la vida (...) y que es el resultado de genuinas convicciones positivas".

A esta esperanza general tenemos que sumar, día a día, aquella esperanza determinada que "tiene que ver con la ilusión por alcanzar un determinado objetivo o de conseguir metas concretas (...) con la disposición de creer que las metas que uno se fija se pueden alcanzar si invertimos la energía necesaria" (Rojas Marcos, 2005).

Un motivo para el optimismo es pensar que la utilidad de una buena educación, de una buena escuela o de un buen profesor va más allá de lo inmediato, y consiste en algo mucho más valioso que el resultado práctico que supone la superación de un curso. Esto es algo que todos hemos experimentado. Nunca se olvida a un buen profesor, porque el recuerdo se nutre de la confianza que nos dio para poder superarnos y para impregnarnos de actitudes y valores por contagio.

La profesión docente se ancla en esperanzas; en una esperanza general que contempla las expectativas globales y en una esperanza específica que consiste en la ilusión de alcanzar metas.

Esa sensación de optimismo vital, de posibilidad abierta, es lo que queda, más allá de teoremas, de exámenes o de proyectos. Las esperanzas generales y específicas que alimentan nuestra tarea se convierten en un bien social de largo alcance.

El optimismo se difunde, se contagia, al igual que la actitud pasiva o el desinterés. En el ambiente circulan ondas emocionales que se activan hacia el interés, el esfuerzo y el conocimiento si, como educadores, nos encargamos de que —utilizando un símil de la Física— estas ondas tengan la frecuencia adecuada y la energía necesaria para el avance de nuestros alumnos.

Por lo tanto, el optimismo posible y razonable consiste en algo más que sonrisas. Se trata de centrarnos en aquello que podemos controlar, dejando de lado el desánimo inútil, la presión continua o las metas inalcanzables. Para esta visión optimista, razonable y posible no podemos prometer el paraíso ni conformarnos con ser meros instructores. Es preciso que en nuestra tarea diaria se mantengan activadas una esperanza general de fondo y las esperanzas específicas en metas concretas.

Se dan innumerables situaciones concretas en las que tenemos que echar mano de este optimismo imprescindible. Ante la proximidad de una prueba de Matemáticas, observo que algunos conceptos no han calado suficientemente en el grupo y aprecio dificultades de comprensión. Pienso en las medidas y estrategias posibles. Decido centrarme en las dificultades observadas y planteo ejercicios que las muestren; paralelamente, organizo un resumen con los puntos clave que tienen que repasar, y les proporciono un listado de problemas y cuestiones con solucionario para que puedan preparar la prueba en condiciones.

Con todo esto he pretendido, básicamente, dos metas: reforzar la claridad y la comprensión adecuadas, y regenerar la confianza en las posibilidades.

Sin embargo, no es fácil mantener el tono de un optimismo bien calibrado. La razón es que, como señala la reflexión de Bertrand Russell en la cita introductoria de este capítulo, para efectuar satisfactoriamente una labor, no podemos engañarnos a nosotros mismos. Ni la tarea es tan fácil ni tiene una importancia irrelevante.

Lo que aporta un optimismo equilibrado y razonable es un balance consciente de nuestras posibilidades: "Bien, no va a resultar nada fácil, pero voy a solucionar o a paliar este problema o conflicto con todo lo que esté en mi mano". "Voy a tratar de que Víctor supere la apatía, sabiendo que la labor será persistente, a medio y largo plazo, y, por tanto, necesita de medidas y de un acompañamiento que perseveren en el tiempo". "No puedo eliminar por completo la inseguridad de Paula, pero sí puedo proporcionarle algún consejo útil para que esta disminuya".

Practicar este optimismo imprescindible es necesario para no caer en el autoengaño. No somos decisivos en todo ni tenemos un método infalible, por lo que solo podemos exigirnos hasta un cierto punto. Si una solución o estrategia no ha acabado de funcionar, no podemos caer en la frustración, aunque es una primera sensación lógica.

Deberíamos reaccionar, una vez superada la decepción del primer momento, de dos formas en paralelo. Por una parte, pensar que estrategias similares sí que nos han dado buen resultado en otras situaciones parecidas y, por otra parte, tomar nota de aquellos detalles que podríamos mejorar en adelante.

Es decir, el optimismo imprescindible es una cualidad importante y dinámica, que podemos realimentar y mantener si somos conscientes de su necesidad.

Un optimismo bien calibrado es una cualidad importante y dinámica, siempre en construcción, que podemos realimentar y mantener.

No podemos afrontar una labor tan compleja como enseñar-educar sin reflexiones previas sobre aquello que debemos hacer y cómo lo vamos a hacer. Para un profesor que tenga un guion previo y bien estructurado, el optimismo razonable necesario es mucho más factible.

Nuestras esperanzas generales sobre lo que significa una buena educación y nuestras esperanzas específicas basadas en objetivos concretos y posibles nutren esta actitud de energía positiva.

Para completar un trabajo realmente artesano precisamos, además de la empatía y de la pasión, de un optimismo anclado en la experiencia y constantemente realimentado, que tenga en cuenta el marco normativo y las limitaciones que comporta, pero que, simultáneamente, dote de la energía necesaria a nuestra actividad docente en el aula.

* * * * *

LEYENDO A: LUIS ROJAS MARCOS
La fuerza del optimismo

Comunicarnos con los alumnos con predisposición a un optimismo razonable constituye uno de los factores que, por contagio, ayuda a la difusión de un ambiente favorable al aprendizaje. Sin perder de vista el contexto del aula, una visión optimista de nuestra tarea favorece que el avance y la superación se intuyan como realmente posibles.

"Gracias a la gran capacidad humana de razonar, de aprender y de cambiar, las personas que se lo proponen y están dispuestas a invertir su tiempo y esfuerzo en el empeño tienen la posibilidad de aumentar su predisposición natural al optimismo. Todo ello, aclarémoslo, sin perder la aptitud para distinguir entre fantasía y realidad. Ejercer de optimista realista, por un lado, consiste en promover con regularidad estados de ánimo positivos mediante estrategias destinadas a aumentar la satisfacción que extraemos de las diversas parcelas de la vida. Por otro lado, implica moldear nuestra forma de pensar con el fin de maximizar las percepciones, explicaciones y perspectivas favorables de las cosas, incluyendo la valoración del esfuerzo que uno invierte en este ejercicio.

La estrecha vinculación que existe entre nuestro estado emocional y nuestros pensamientos nos ofrece la oportunidad de fomentar la disposición optimista, trabajando simultáneamente en el estado de ánimo y en la forma de pensar. De esta manera, al mismo tiempo que plasmamos nuestros sentimientos positivos en nuestras explicaciones de las cosas, también podemos modular nuestras emociones con pensamientos positivos".

Educar-enseñar con sentido y solidez: una guía

Hemos tratado de aportar algunas reflexiones y certezas para que las escuelas y las aulas recuperen el vigor que necesitan y para que el tejido educativo retorne a la dignidad y al prestigio que toda la sociedad debería otorgarle. Por consiguiente, la mejor forma de concluir este libro es elaborar una guía básica para que la tarea docente recupere solidez y sentido.

Hablamos de la simbiosis *educar-enseñar* porque van unidas. No es posible separar ambos conceptos. Existen visiones categóricas o excluyentes al respecto, pero se alejan de la realidad.

Enseñar contenidos y competencias sin establecer unas reglas de respeto y unos principios de convivencia es completamente estéril, y también lo es asumir un nocivo exceso de responsabilidad respecto a estas reglas, porque, en este sentido, la educación familiar y los valores implícitos que se transmiten socialmente son decisivos.

Por expresarlo de forma más directa: no podemos pensar que "mi única tarea es meramente académica", y tampoco es factible dedicar mucho tiempo a explicar normas básicas que nos son aplicables a todos. Estas visiones extremas topan con la realidad.

Cabría preguntarse ahora cómo se conjuga en la práctica el binomio de verbos *educar-enseñar*, y cómo se dota a esta tarea de solidez y de sentido.

Evidentemente, esta guía, que espero que sea útil para todas las profesoras y profesores en activo, se puede completar o matizar, pero contempla los aspectos básicos que deberían tenerse en cuenta para que la educación retorne a sus auténticos objetivos, el sentido común y su razón de ser.

- *Una preparación exhaustiva de los programas, de los contenidos y competencias, y de la forma de transmitirlos.* Es decir, tener bien estructurado el diseño y las estrategias para un aprendizaje significativo. No basta con conocer a fondo la materia, hay que trazar unas líneas para que la comprensión y el nivel académico sean máximos.
- *Una buena definición de los objetivos.* Se trata de fijarnos unas metas, que no son solo académicas. Podemos definir objetivos de fondo que impliquen superación: ampliar el material de apoyo, cuidar el diseño de las pruebas, actividades y proyectos, mejorar el nivel de contacto con las familias, etc.
- *La práctica constante de las competencias básicas.* Esto quiere decir colocar en primer término cosas tan sencillas como la repetición, el ejercicio o el hábito. En matemáticas, una vez definidos los concep-

tos básicos, la habilidad para resolver problemas de álgebra o de geometría se logra con la práctica. De forma análoga, la destreza para comentar un texto de Filosofía se consigue redactando constantemente comentarios sobre obras de Platón, Kant o Nietzsche.

- *Considerar la comunicación verbal como algo fundamental.* Una actitud positiva y proactiva de nuestros alumnos hacia el conocimiento no depende solamente de lo que decimos, sino de cómo lo decimos. Nuestro gesto, nuestro acento, nuestros matices, el cuidado del lenguaje, nuestra capacidad de captar la atención, de establecer conexiones en cada clase; en definitiva, todo lo que concierne a la transmisión sensible del conocimiento es esencial.

- *Optimizar el nivel académico.* Los alumnos necesitan perspectiva de superación. La tendencia socavada a unos justos niveles de conocimientos y competencias tiene su razón de ser en la presión —externa e interna a la escuela— que actúa para obtener un porcentaje razonable de "éxito" escolar. Como país y como sociedad en general no podemos renunciar al talento y fomentar la mediocridad. Un buen nivel académico es nuclearmente importante, y debemos actuar en esta dirección.

- *Ser conscientes de la responsabilidad de la labor docente.* Enseñamos básicamente por contagio, porque se aprende a partir de las conexiones sensibles. La cultura del detalle debe acompañar nuestra labor. Una mirada, un gesto, unas palabras de ánimo, un toque de atención, una corrección en el lenguaje, la adecuada gestión de un conflicto, etc., son cuestiones básicas.

Precisamos de un fundamento permanente que abarca muchos aspectos de nuestra tarea, y este fundamento reside en nuestro compromiso y nuestra responsabilidad, en la concepción de nuestra labor como una labor consciente y profundamente artesanal.

- *Interpretar el contexto.* Cada grupo y cada escuela son diferentes. La consideración del entorno social del centro es primordial si pretendemos diseñar acertadamente nuestra estrategia. Hay que "leer" lo mejor posible el nivel académico previo de los alumnos, la condición socioeconómica de las familias, el proyecto educativo de la escuela, etc. En definitiva, para actuar con sentido es primordial tener en cuenta dónde estamos, cuáles son los objetivos máximos que podemos trazar y cómo podemos conseguirlos.

- *Actuar desde la asertividad.* Tenemos que reconocernos de forma asertiva cuando entramos en el aula. Tenemos que ser nosotros, porque la autenticidad y la naturalidad son clave. Por lo tanto, necesitamos apreciar la diferencia entre la *auctoritas* —ejercer el poder— y la *potestas* —tener autoridad—. Se trata de ser conscientes de esta diferencia: la autoridad tácita nos viene dada como profesores, aunque hace años que este reconocimiento está en retroceso. Sin embargo, la *potestas*, es decir, la autoridad que nos otorgan implícitamente nuestros alumnos y alumnas, es la autoridad decisiva, porque se genera a partir de nuestra asertividad y de una praxis competente y persistente.

- *Aplicar el principio de equidad.* La calidad de las relaciones humanas que tienen lugar en el aula es fundamental. Para que este mapa de relaciones fluya y para que todo alumno tenga posibilidades a las que asirse y oportunidades de mejora, aplicar el principio de equidad es fundamental, huyendo de prejuicios o sensaciones subjetivas que podamos sentir en determinadas situaciones. Tenemos que partir del respeto y actuar de forma que todos nuestros alumnos sientan nuestra atención. Desde mi propia experiencia, si se percibe el respeto, se otorga respeto.

- *Transmitir un fondo ético.* La educación es un pilar básico para entrenar la escucha, la vivencia de uno mismo y de la dimensión social del ser humano. Es el pilar donde se anclan la libertad, la bondad y el respeto. Transmitir unos principios éticos es fundamental en educación. Como observamos a diario, la falta de ética está en la raíz de muchos de los problemas sociales o personales. Nuestro liderazgo tiene que revestirse de unos sólidos principios éticos, entre ellos mantener el compromiso y el entusiasmo, la escucha activa, la transparencia, la ejemplaridad y la integridad, el sentido de justicia, la prudencia o la humildad. (Torralba, 2016).

Educar con sentido implica contemplar esta guía básica y otros muchos aspectos, porque se trata de una tarea holística, que, cada día, en cada aula, nos proporciona nuevas fuentes de experiencia y aprendizaje. No basta con estar; se requiere de intensidad, de sentimiento, de convicción, de reflexión.

No basta con modificar por modificar; se trata de no olvidar lo que siempre funciona e incorporar con criterio aquellos cambios que nos ayuden a mejorar la atención y la comprensión por parte de los alumnos. No existe un manual exacto del profesor, y estos apuntes finales solamente quieren aportar un poco de claridad, unas pautas básicas. Existen muchos pequeños detalles que nosotros, desde nuestro estilo personal, incorporaremos para alimentar día a día nuestra conciencia de profesores.

El reconocimiento social de la labor docente no es precisamente óptimo; existen muchas causas de fondo. Algunos de los valores inherentes a una sociedad democrática se ven socavados en aras de la comodidad, el engaño, el beneficio rápido o la eficacia a muy corto plazo, sin sopesar bien las consecuencias.

Las redes sociales incorporan al medio ambiente social unas derivadas negativas que se están haciendo patentes: la improvisación, la ausencia de debate, la invasión de la privacidad, la pérdida de un tiempo precioso que podríamos utilizar en vivir con mucha más plenitud. Estas consecuencias negativas facilitan un terreno abonado para considerar las ocupaciones que requieren esfuerzo, compromiso, ética y responsabilidad como tareas, en cierta forma, fuera de época. Sin embargo, y pese a todo, también nos estamos dando cuenta de la importancia de recuperar una *educación sólida*, de certezas, que posibilite a nuestros alumnos para construir un proyecto de vida.

Existen muchos equipos docentes, muchas escuelas, muchos institutos que llevan a cabo un trabajo realmente artesano, pretendiendo la mejora continua y sintiendo la profesión como un ámbito de realización personal y de servicio a la comunidad.

Este libro pretende ser una aportación más para que estos esfuerzos sigan adelante, pese a la dificultad, a las situaciones de conflicto y a la crítica infundada a los principios esenciales de la educación. Tenemos que realimentar el sentido común y aquellos valores sólidos que hacen posible que los alumnos se sientan reconocidos, que se vean partícipes de un ambiente abierto al aprendizaje y, sobre todo, que se impliquen en su propia construcción de conocimiento.

Espero que estas páginas representen un revulsivo, una esperanza y una ayuda para que, en cada aula, y cada día, las profesoras y los profesores se sigan encontrando con su propia fuerza, con su personal motivación y con un optimismo imprescindible.

REFERENCIAS BIBLIOGRÁFICAS

Arendt, H. (2002). *La vida del espíritu*. Paidós.

Bauman, Z. (2017). *Sobre la educación en un mundo líquido*. Paidós.

Bauman, Z. (2017). *Modernidad líquida*. Fondo de Cultura Económica (2ª reimpresión).

Benjamin, W. (2018). *Iluminaciones*. Taurus.

Bisquerra, R. (2020). *Educación emocional: 50 preguntas y respuestas*. El Ateneo.

Bueno, D. (2025). *L'art de ser humans*. Destino.

Camps, V. (2008). *Creer en la educación*. Península.

Carpenter, E. y McLuhan, M. (1968). *El aula sin muros*. Ediciones de Cultura Popular.

Dahrendorf, R. (1983). *Oportunidades vitales*. Espasa.

Degli-Esposti, S. (2023). *La ética de la inteligencia artificial*. CSIC.

Dehaene, S. (2019). *¿Cómo aprendemos?* Siglo XXI.

Eagleman, D. (2013). *Incógnito. Las vidas secretas del cerebro*. Anagrama.

Finkielkraut, A. (2000). *La derrota del pensamiento.* Anagrama.

Forés, A. y Grané, J. (2012). *La resiliencia. Crecer desde la adversidad.* Plataforma Editorial.

Foucault, M. (1997). *Las palabras y las cosas.* Siglo XXI.

Gadamer, H. G. (2000). *La educación es educarse.* Paidós.

Gazzaniga, M. S. (2006). *El cerebro ético.* Paidós.

Ginzburg, N. (2002). *Las pequeñas virtudes.* Acantilado.

Goleman, D. (2006). *Inteligencia Social.* Kairós.

Guillén, J. C. et al. (2015). *Neuromitos en educación.* Plataforma Editorial.

Han, B. C. (2017). *La expulsión de lo distinto.* Herder.

Han, B. C. (2022). *La desaparición de los rituales.* Herder.

Hessen, J. (1973). *Teoría del conocimiento.* Losada.

Lipman, M. (2016). *El lugar del pensamiento en la educación.* Octaedro.

Lipovetsky, G. (2010). *La felicidad paradójica. Ensayo sobre la sociedad de hiperconsumo.* Anagrama.

Lledó, E. (2017). *Imágenes y palabras: ensayos de humanidades.* Taurus.

Luri, G. (2013). *Por una educación republicana.* Proteus Cànoves i Samalús.

Luri, G. (2019). *Sobre el arte de leer.* Plataforma Editorial.

MacIntyre, A. (2013). *Tras la virtud.* Espasa.

Manguel, A. (2001). *Una historia de la lectura.* Alianza Editorial.

Marías, J. (1968). *Biografía de la filosofía.* Revista de Occidente.

Marina, J. A. (2010). *La educación del talento.* Círculo de lectores.

Marrasé, J. M. (2019). *La educación invisible.* Narcea.

Marrasé, J. M. (2023). *La alegría de educar.* Plataforma Editorial.

Meirieu, P. (2004). *Referencias para un mundo sin referencias.* Graó.

Meirieu, P. (2018). *Pedagogía: necesidad de resistir.* Ed. Popular.

Nasarre, E. (Ed.) (2022). *Por una educación humanista.* Narcea.

Navarra, A. (2019). *Devaluación continua.* Tusquets.

Nowotny, H. (2022). *La fe en la inteligencia artificial.* Galaxia Gutenberg.

Nussbaum, M. (2006). *Sin fines de lucro. Por qué la democracia necesita de las humanidades.* Katz.

Postman, N. (1999). *El fin de la educación: una nueva definición del valor de la escuela.* Octaedro.

Rojas Marcos, L. (2005). *La fuerza del optimismo.* Santillana-Aguilar.

Rojas Marcos, L. (2019). *Somos lo que hablamos. El poder terapéutico de hablar y hablarnos.* Grijalbo.

Rosa, H. (2020). *Resonancia. Una sociología de la relación con el mundo.* Katz.

Sennett, R. (2006). *La cultura del nuevo capitalismo.* Anagrama.

Torralba, F. (2016). *Lideratge ètic.* Angle Editorial.

Vallejo, I. (2021). *El infinito en un junco.* Siruela.

COLECCIÓN "EDUCADORES XXI"

Aquí puede consultar la información de todos los títulos publicados en esta Colección